경희대학교 아프리카연구센터 총서 5

아프리카의 신화와 전설

남부 아프리카편

김기국, 박동호, 윤재학 편역

도서출판 디 시 랑

김기국 교수는 프랑스 파리 소르본느 대학에서 문학박사 학위를 받았으며, 현재 경희대학교 프랑스어 학과 교수로 재직하고 있다.

박동호 교수는 캐나다 몬트리올 퀘벡 대학에서 언어학박사 학위를 받았으며, 현재 경희대학교 한국어학과 교수로 재직하고 있다.

윤재학 교수는 미국 오하이오 주립대학교에서 언어학박사 학위를 취득하고, 현재 경희대학교 글로벌커뮤니케이션 학부 교수로 재직하고 있다.

※ 이 저서는 2016년 정부(교육부)의 재원으로 한국연구재단의 지원을 받아 수행된 연구임(NRF-2015S1A5B4A01036581).

역자 서문

아프리카는 1488년 바르톨로메우 디아스의 희망봉 발견, 1497년 바스코 다 가마의 남아프리카 해역 횡단, 1652년 현재의 케이프타운에 네덜란드인들의 무역 초소 건립 이후 유럽 열강의 식민지배를 19세기까지 받아왔다. 20세기 들어서 아프리카는 전통적인 부족 단위가 아니라 서구 열강들의 정치적 목적과 편의 때문에 국경선이 획정된다. 다양한 부족들의 정체성이 무시된 채 수많은 종족이 섞여 하나의 국가가 형성되었기에, 오늘날까지도 아프리카는 인종 갈등과 부족 분쟁으로 어려움을 겪고 있다.

하지만 아프리카는 B.C. 36억 년 전 지구에서 처음으로 땅이 만들어진 지역이다. 또한, 인류의 기원에 대한 가장 지배적인 견해인 '아프리카 기원설'의 공간이기도 하다. 아프리카 기원설은 해부학적 측면에서 현생인류(Homo sapiens)는 아프리카에서 태동한 단일 종이 5만 년에서 1만 년 사이에 전 세계로 이주, 아시아의 호모 에렉투스(Homo erectus, 곧선사람)와 유럽의 호모 네안데르탈렌시스(Homo neanderthalensis)의 인구를 대체하면서 진화했다고 한다. 또 다른 인류 진화의 대안적인 가설인 '다지역 발생설'에서도 인간은 지역적으로 나뉘면서 250만 년 전에 아프리카에서 전 세계로 이주한 호모 에렉투스와 교배하면서 제각기 현생 인류로 진화했다고 한다. 이처럼 아프리카 대륙은 인류의 기원에서 가장 근본적이고 중요한 공간이다.

현재 구전되거나 기록으로 남아 존재하는 아프리카의 신화와 전설이 인류의 기원 및 진화와 직접적인 연관성은 없을 것이다. 그럼에도 남부 아프리카의 여러 종족의 다양한 설화를 통해 우리는 초기 인류의 삶과 생활을 상상할 수 있다. 아프리카 공화국, 보츠와나, 나미비아에 걸쳐 있는 칼라하리(Kalahari) 사막 지역에 오늘날까지 거주하는 산(San)족의 사냥과 채집 생활 등의 생활 방식과 다량의 석기 도구, 암벽화 등에서 인류학자들이 후기석기 시대 인류 조상들의 흔적을 유추하는 것이 그 예라 하겠다.

이 책은 남부 아프리카 지역의 여러 나라, 나미비아, 남아프리카공화국, 레소토, 보츠와나, 스와질란드 등에 퍼져있는 설화를 번역한 것이다. 신화, 전설, 민담 등으로 구성, 분류되는 설화는 민족 고유의 전통 사상과 정서, 문화가 담겨있는 원전으로서, 기록이 아닌 기억을 통해 현장에서 화자와 청자의 대면을 통해 전달된다. 이 과정에서 화자는 자신이 기억하는 이야기의 세세한 부분을 그대로 재현하기보다는, 청자의 반응이나 구연이 되는 시공간적 상황에 따라 첨삭이 자유로운 스토리텔링의 형태로 진행하게 된다. 따라서 설화는 효과적인 구전을 위해서 단순하면서도 잘 짜인 구조가 반복되는 특징을 지닌다. 이 책에서 소개되는 설화에서 같거나 비슷한 내용, 사람과 동물 사이에서 발생하는 유사한 역학 관계, 그리고 특정한 동물과 그 동물의 역할 등이 반복되어 등장하는 것은 이러한 이유로 해서이다.

남부 아프리카의 선주민인 산족과 코이코이족의 설화에 등장하는 서사의 구조는 이들 선주민을 대체하며 남부 아프리카를 지배한 반투인인 코사족, 줄루족, 소토족, 벤다족 등의 신화와 전설, 그리고 민담에서 유사하게 반복된다.

또한 17세기 중엽 이후 네덜란드, 프랑스, 영국, 독일에서 이주한 유럽인들과 흑인과 백인들의 결합으로 태어난 후손들인 컬러드(Cloureds)인 역시 이들 흑인의 전설과 민담에서 하나의 역할을 담당하기도 한다. 결국, 남부 아프리카의 설화는 수천 년 동안 이 지역에 거주했던 인간이 동물과 식물, 그리고 해와 달, 비와 강 등과 함께 거대한 자연의 한 부분으로서 어떻게 조화롭게 삶을 영위했는가를 보여준다.

근세 이후 과학과 기술이 인간이 영위하는 삶을 지배하는 중심 코드이자 개념이라면, 신화와 전설은 선사 시대부터 오늘날까지 이 세계와 인간을 연결해주는 핵심 코어라 할 수 있다. 해와 달, 비 등의 자연을 신으로 묘사한 신화, 동물들의 특성과 이들 사이에서 발생하는 관계의 기원을 알려주는 전설, 그리고 동물과 동물, 또는 동물과 사람 사이에서 벌어지는 재미있는 민담 등은 자연과 동물, 그리고 사람이 모두 함께 어울려 살았던 아프리카의 옛 모습을 이 시대의 독자들에게 생생하게 전해준다. 이들 이야기는 지역과 국가, 부족과 인종의 영역에 물리적인 형태로 존재하지만, 그 내용과 가치를 통해 아프리카를 터전으로 살았던 부족의 역사와 전통, 규범과 가치관 등을 이해하게 해준다.

경희대학교 아프리카연구센터에서 세 번째로 발간하는 『아프리카 신화와 전설-남부 아프리카 편』은 부족을 중심으로 신화와 전설을 소개한 『아프리카 신화와 전설-서부 아프리카 편』과 한 국가의 특정 지역의 설화를 번역한 『나이지리아 남부 민담들』과 달리 국가를 중심으로 설화를 정리했다. 2천여 개의 부족과 3천여 개의 언어가 존재하는 아프리카의 문화적 특성과 하나의 국가 안에 다양한 부족이 혼재되어 거주하는 현실적 상황에도 불구하고 국가별로 설화를 묶어 내는 것은, 역설적으로 설화의 채록에 언급한 특성과 현실이 장애로 작용하였기 때문이다. 따라서 이 책이 추후 남부 아프리카에 거주하는 수많은 종족과 관련된 설화가 발견되고 채록될 미래의 연구를 대비하는 기초 자료로서의 가치를 지니기를 바란다.

목차

제1장 **남아프리카공화국 신화와 전설** ·············· 1

줄루족 창조신화 ································· 3
음바바 음와나 와레사 ························ 4
티크도쉬 ·· 5
벤다족 창조신화 ································ 6
콰만타 ··· 8
줄루 운카마 ······································· 9
토끼가 갈라진 윗입술을 갖게 된 이유 ············ 11
호텐토트과 부시먼의 생활 방식 차이의 유래 ········ 12
자칼은 어떻게 검은 등을 갖게 되었을까 ············ 13
얼룩말은 어떻게 줄무늬를 갖게 되었을까 ············ 15
까마귀 목의 흰 테두리 선은 어떻게 생겼을까? ······ 17
뱀은 왜 다리가 없을까? ···························· 18
카뉴와 개코원숭이 ································ 20
바위 구멍에 얽힌 두 개의 전설 ···················· 22
개코원숭이의 판결 ································ 26
잃어버린 메시지 ··································· 29
얼룩말 종마 ·· 32
하이에나의 뒷발이 짧은 이유 ······················ 34
저주받은 저주 ····································· 35
새들의 왕 ·· 40
찌르레기 ··· 47
여자의 몸을 갖게 된 사자 ·························· 50
은혜를 갚은 강아지의 사랑 ························ 56
백인 남자와 뱀 ····································· 63

세상의 보상 ··· 65
사자, 자칼 그리고 남자 ································ 69
자신이 엄마보다 현명하다고 생각한 사자 ············ 72
자칼과 늑대 ··· 75
코끼리와 거북이 ·· 77
자칼과 원숭이 ··· 80
자칼의 신부 ··· 82
토끼 이야기 ··· 84
사자의 날개와 사자의 뼈 ································ 90
물을 얻기 위한 춤 혹은 토끼의 승리 ················ 97
원숭이의 바이올린 ·· 101
사자와 자칼 ·· 105
사자의 나눔 ·· 108
암사자와 타조 ··· 112
사자의 병 ··· 114
늑대를 속인 영리한 자칼 ······························ 115
호랑이, 숫양, 자칼 ······································· 116

제2장 스와질란드 신화와 전설 ················ 119
포포냔 폭포가 어떻게 생겼는지에 대한 이야기 ········ 121
보물의 주인은 따로 있다. ····························· 125
할머니의 특별한 새 ······································ 128
후회할 만한 약속은 절대 하지 마라 ················ 131
욕심을 부리는 것은 가치가 없다 ···················· 133
어떻게 자칼이 할머니를 큰 냄비에 넣어 요리했을까 · 137

오거를 숨겨주었다가 잡아먹힌 노파 ·················· 140
염소치기 소년과 사자 ································· 144
친구의 나쁜 충고를 듣고 아내를 죽인 어리석은 남자 149
엄마가 죽길 바랐던 철없는 소년 ···················· 153
첫 식사를 잊을 수 없었던 어린이 손님 ············· 157
토끼를 술책으로 이긴 거북 ···························· 161
마을에서 가장 아름다운 여자와 결혼한 오거 ········ 166
배고픈 사자에게 만찬을 마련해준 꾀 많은 토끼 ····· 171
너무 늦게 교훈을 얻은 토끼 ·························· 173
자기 꾀에 넘어간 오거 ································· 177

제3장 나미비아의 신화와 전설 ························ 181
일가맙 ··· 183
무쿠루 ··· 184
왜가리는 어떻게 굽은 목을 갖게 되었을까 ········· 185
얼룩말의 옷 ··· 187
악어는 어떻게 못생긴 피부를 갖게 되었을까? ········ 189
뒤쪽의 벌을 조심해라 ································· 190

제4장 보츠와나 신화와 전설 ························· 193
이그위퀘의 탄생 이야기 ······························ 195
산족의 탄생 신화 ······································ 196
열 한 개의 황동 기둥 ································· 197
영원히 가버려 나무 ··································· 202

제5장 레소토 신화와 전설 ········· 207
　모디모 ·· 209
　최초의 인간 혹은 창조신, 후베아네 ········· 210
　어떻게 죽음이 인류에게 왔을까 ············· 211
　자칼과 암탉 ······································ 213

아·프·리·카·의·신·화·와·전·설

제1장
남아프리카공화국 신화와 전설

줄루족 창조신화

… 남아프리카공화국/줄루족 신화

줄루족의 전설에 따르면, 생명은 광대한 원시 늪인 '우틀랑가'에서 시작되었다. 하늘의 아버지인 '움베린칸기'가 천국에서 우틀랑가로 내려와 갈대를 만들었는데, 그 갈대 위에서 최고의 신이자 인간을 창조한 '운쿨룬쿨루'와 모든 종족, 그리고 동물들이 번성하였다. 운쿨룬쿨루는 갈대가 버틸 수 없을 때까지 그곳에서 자라났다. 그런 다음 운쿨룬쿨루 갈대에서 떨어져 이 땅으로 내려왔다. 신화의 또 다른 버전에서 운쿨룬쿨루는 여인과 함께 갈대에서 떨어졌다. 운쿨룬쿨루는 이 세계의 모든 것, 산과 호수 그리고 강 들을 창조하였다. 그는 갈대에서부터 모든 종족과 동물들을 떼어 냈고, 이들은 모두 늪에서 나와 운쿨룬쿨루를 따라나섰다. 그는 줄루 족에게 사냥하는 법, 막대기로 불을 피우는 법, 곡물을 경작하는 법을 가르쳤다.

음바바 음와나 와레사
… 남아프리카공화국/줄루족 신화

비와 무지개의 여신이자 농업과 수확의 여신인 '음바바 음와나 와레사'는 줄루족에게 맥주를 선물해준 사랑스러운 존재였다. 이 여신이 남편을 찾는 설화는 많이 알려져 있다. 여신은 무지개로 만든 아름다운 집에서 살고 있었다. 하지만 그녀는 외롭고 불행했다. 너무도 호전적이었던 신 중에서 남편을 찾을 수 없었기 때문에 그녀는 인간 종족 중에서 남편을 구하기로 했다. 작은 마을에서 그녀는 싼디웨라는 가축을 지키는 목동을 알게 되었다. 그는 땅을 향한 깊은 사랑을 노래로 부르고 있었다. 그의 노래를 듣게 된 음바바 음와나 와레사는 완벽한 배우자를 찾은 것에 만족하였다.

티크도쉬

··· 남아프리카공화국/줄루족 신화

남아프리카공화국의 줄루족 신화에 나오는 사악한 난쟁이가 있다. 코이코이 부족의 전설에 나오는 '하이우리'와 비슷한 이 원숭이는 몸이 한쪽만 있었고, 다리와 팔도 하나였다. '티크도쉬'로 불리는 이 원숭이는 사람들과 싸우면서 패한 자들은 죽이고 승리한 자들에게는 마법적인 비밀을 보상으로 전해주었다.

벤다족 창조신화

… 남아프리카공화국/벤다족 신화

벤다족의 기원과 관련된 비단뱀 이야기가 있다. 오랜 가뭄이 있던 시절 비단뱀 '타루'는 자신을 머리 '토호'와 꼬리 '트사뭇실라' 두 부분으로 분리하였다. 토호는 음식을 찾아 동쪽으로 갔고 트사뭇실라는 서쪽으로 갔다. 트사뭇실라는 강, 샘, 풍부한 비가 내리는 비옥한 땅에 도착했다. 그는 인간이 되어서 소 떼를 몰고 많은 아내를 가졌다. 그리고 그의 아내들은 수많은 아이를 낳았다. 트사뭇실라는 '라마불라나'라는 이름으로 번성한 벤다 사람들의 우두머리로 그들을 다스렸다. 현재 모잠비크 지역인 서쪽으로 향한 토호 또한 인간으로 변신하여 롱고 부족을 세웠다. 하지만 토호의 땅은 척박했고 가뭄이 자주 들었다. 그래서 토호는 그곳을 떠나게 된다.

이후 토호는 '냐무소로'라는 이름으로 악사이자 광대로 떠돌아다녔다. 어느 날 라마불라나가 지배하는 마을에 도착했을 때, 토호가 문 앞을 돌아다니며 춤을 추고 노래하였다. 라마불라나는 이 유희를 보러 가는 것을 원치 않았다. 왜냐하면, 그는 냐무소로가 자신의 나머지 반쪽임을 인지하였고 두 부분이 다시 합쳐지는 것을 원하지 않았기 때문이다. 라마불라나의 종족은 그가 떠나갈 것을 느꼈고 마침내 라마불라나가 두려워했던 일이 일어났다.

두 부분은 합쳐져 비단뱀 타루가 되었다. 그리고 이 뱀은 마을을 떠나 숲으로 갔다. 우두머리 없이 남겨진 라마불라나의 아들들은 모든 문제에 대해 서로 싸우게 되었다. 결국, 아들들은 가족과 추종자들을 남겨두고 각기 다른 방향으로 여행하고 각기 다른 장소에 정착하였다. 이렇게 해서 벤다 종족이 전국 곳곳에 퍼지게 된 것이다.

콰만타

··· 남아프리카공화국/코사족 신화

'콰만타'는 코사족이 믿는 최고의 세 신 가운데 하나로 알려져 있다. 다른 두 신의 이름은 '음달리'와 '티쏘'이다. 그런데 어떤 신화에서는 음달리나 티쏘보다 콰만타가 더 많이 출현한다. 그것은 아마도 코사 족보다 훨씬 전에 남부 아프리카에 정착한 코이코이족이나 산족으로부터 전해진 이야기 때문일 것이다. 콰만타는 모든 것을 창조하고 조절하는 신이다. 콰만타는 신과 인간을 연결하는 조상의 영혼을 통해 나타난다.

죽음의 기원에 관한 신화 속에서 콰만타는 카멜레온을 이 땅으로 보내 사람들에게 그들이 절대 죽지 않는다는 말을 전하게 했다. 도중에 카멜레온은 피곤해서 쉬려고 멈추었다. 호기심이 많았던 도마뱀이 카멜레온을 보고 어디를 가느냐고 물었다. 카멜레온의 메시지를 듣게 된 심술궂은 도마뱀은 앞서 달려가 사람들이 죽을 것이라는 정반대의 메시지를 전해주었다. 마침내 카멜레온이 도착했을 때, 사람들은 그가 가지고 온 메시지를 믿지 않았다. 그래서 죽음은 피할 수 없는 운명이 된 것이다.

줄루 운카마

… 남아프리카공화국/줄루족 전설

죽은 자의 세계를 우연히 여행한 운카마라는 신화적인 영웅이 있었다. '운카마'는 키가 작고 털이 많은 늙은 남자인데, 너무 늙어서 그 누구도 그의 젊은 시절을 기억할 수 없다. 노인들조차도 자신들이 어렸을 때도 운카마의 허리는 이미 굽어 있었고 비실비실했었다고 말한다. 그의 아내와 아들은 오래전에 죽었고 그는 마을 밖의 오두막에서 혼자 살았는데, 말을 거의 하지 않았다. 운카마에 관한 이상한 이야기가 있는데, 마을 사람 그 누구도 보지 못했던 것을 보고 왔다는 것이다. 그것은 바로 그가 젊었을 적에 죽은 자의 왕국을 갔다 왔다는 이야기이다. 운카마가 어떻게 그곳을 지나왔는지 알아보자.

운카마는 수수밭을 경작하였다. 하지만 수수가 익을 때면 고슴도치가 매일 밤 밭에 와서 수수를 먹어 버렸다. 어느 날 아침, 이슬에 젖은 수수밭에서 운카마는 고슴도치의 흔적을 발견하고 따라갔다. 그 흔적은 땅의 구멍으로 이어졌고 운카마는 그 구멍으로 들어갔다. 구멍은 매우 깊어서 그는 계속 내려가야 했다. 고슴도치는 더 이상 찾을 수 없었지만 운카마는 이 구멍의 끝에 도달하게 되었다.

얼마 후 운카마는 한 마을에 이르렀다. 개가 짖는 소리와 아이들의 울음소리를 들었고, 밥을 짓기 위해 때는 불에서 피어나는 연기와 돌아다니는 사람들도 보았다. 자신도 모르는 사이에 운카마는 죽은 자의 땅을 가로질렀던 것이다. 겁이 난 그는 자신이 왔던 길을 되짚어 돌아왔다. 운카마가 자신의 마을로 돌아왔을 때, 그는 자신이 오랫동안 사라져서 가족이 자신이 죽었다고 믿었음을 알게 되었다. 그는 자기 가족이 오랫동안 사라진 자신을 죽었다고 믿어 이미 옷과 소지품을 태워버렸다는 것을 알게 되었다. 운카마는 놀란 가족에게 자신의 기이한 여행을 들려주었다.

토끼가 갈라진 윗입술을 갖게 된 이유
⋯ 남아프리카공화국/전설

옛날에 달이 사람에게 곤충을 보내며 이런 말을 전했다고 한다.
"사람들에게 가서 이렇게 말해라. '내가 죽을 때 죽음에서 살아나듯이, 너희가 죽을지라도 죽음에서 살아나리라.'"
이 메시지를 지니고 곤충은 출발했다. 길을 가던 중에 토끼가 따라와서 그에게 물어보았다.
"무슨 심부름을 하러 가니?"
"달이 나보고 사람들에게 가서 그녀가 죽을 때 죽음에서 살아나듯이, 그들도 죽을지라도 다시 살아날 거라는 말을 전하라 그랬어." 곤충이 대답했다.
"너는 잘 뛰어가질 못하니까, 내가 대신 가서 전할게." 토끼가 말했다.
이런 말을 남기고 토끼는 달려가 버렸다. 그리고 사람들에게 이렇게 말을 전했다.
"당신들에게 전하라는 달의 말이오. 내가 죽을 때 사라져버리듯이, 너희 또한 죽을 때 완전히 죽음에 이를 것이다."
그리고는 토끼는 달에게 돌아가서 자신이 사람들에게 어떻게 메시지를 전했는지 말했다. 달은 화가 나서 토끼를 꾸짖으며 말했다.
"감히 내가 하지도 않은 사실을 사람들에게 전했단 말이냐?"
이런 말을 하고서 그녀는 나무 조각으로 토끼의 코를 내려쳤다. 그날 이후로 토끼의 코가 갈라져 버렸다.

호텐토트과 부시먼의 생활 방식 차이의 유래
··· 남아프리카공화국/호텐토트족과 산족 전설

두 사람이 있었다. 한 사람은 시각장애인이고, 다른 사람은 태어날 때부터 사냥꾼이었다. 어느 날 사냥꾼이 땅에 있는 구멍을 찾아냈는데, 부시먼 부족이 달리게 된 것이 이 구멍에서 벌어진 일 때문이라고 전해진다. 그 구멍 안에는 무엇인지 알 수 없는 것이 있었다. 눈이 먼 남자는 냄새를 통해서 그것들이 무엇인지 말했다.
"가축인 것 같은데."

그 후 눈먼 남자는 시력을 되찾고 나서 사냥개와 함께 그 구멍으로 되돌아갔다. 그곳에서 그들은 송아지들과 함께 있는 암소를 발견했다. 그는 서둘러 가시가 있는 나무로 구멍 주변에 울타리를 쳤다. 그리고 오늘날에도 호텐토트족이 그러하듯이 자신에게 기름을 부으며 축복했다.

한편, 자기 일을 찾는 데 큰 어려움을 겪은 다른 남자는 이것을 보고는 자신도 축복받기를 원했다.

"이보게, 자넨 기름을 불에 던져야만 하네. 그리고 난 후에 사용하게나." 호텐토트족 사람이 말했다. 그는 이 권고대로 했다. 그리고 온몸에 불이 붙어 얼굴까지 크게 데이고 말았다. 그가 겨우 불길에서 빠져나오자, 상대방이 다시 말을 붙였다.

"자, 이 막대기를 가지고 언덕으로 올라가서 꿀을 찾아오게."

이런 이야기가 있고 난 뒤에 부시먼 부족의 달리기 경주가 시작되었다고 한다.

자칼은 어떻게 검은 등을 갖게 되었을까
··· 남아프리카공화국/산족 전설

어느 날, 자칼이 어린 소녀가 나무 위에 앉아 있는 것을 보았다.
"귀여운 아이야. 왜 너는 거기 앉아 있니?" 자칼이 물었다.
"내가 피곤해서 쉬어야만 하거든." 소녀는 대꾸했다.
"내려올래, 내가 등에 태워서 집까지 데려다줄게." 자칼이 말했다.
아이는 거만한 말투로 대답했다.
"나는 태양족 아이야. 나는 자칼의 등에 타지 않아도 되거든."
하지만 자칼은 달콤한 말로 구슬리고 부추겨서 마침내 소녀는 의심을 풀고 나무에서 내려와 스스로 자칼의 등에 올라탔다. 그리고 그 둘은 멀리 떠났다. 비록 소녀가 작고 가벼웠지만, 자칼은 불편함을 느끼기 시작했다. 그것은 태양족 아이의 뜨거운 체온 때문이었다.
"이제 등에서 내려올래?" 자칼이 말했다.
"저기 작은 새가 있어, 내가 화살을 쏘아서 너에게 줄게."
소녀는 이렇게 말하며 내려오라는 말을 듣지 않았다.
"내려와, 내려오라고."
자칼은 자신의 털이 타버릴 수도 있다고 과장하며 간청했다.
소녀는 여전히 말을 듣지 않았다. 자칼은 화를 내면서 소녀를 위협했다.
"그러면 물속으로 뛰어들 거다. 내 가시로 너를 찌른다."

하지만 그녀는 웃으면서 등에 단단히 매달렸다.

자칼은 더는 참을 수 없어서 울부짖으며 빽빽한 수풀로 뛰어들어갔다. 그러자 태양족 어린아이는 그의 등에서 떨어져 버렸다. 등이 타버린 자칼은 그 상태 그대로 초원으로 달아났다.

얼룩말은 어떻게 줄무늬를 갖게 되었을까

··· 남아프리카공화국/산족 전설

오래전, 동물들이 이 땅에 처음 태어났을 때 날씨는 매우 뜨거웠다. 그리고 물이라고는 웅덩이 같은 곳에 고여 있는 것이 전부였다. 그런 물웅덩이 가운데 하나를 사나운 개코원숭이가 지키고 있었다. 그는 자신이 '물의 지배자'라고 주장하며 누구도 자신의 물을 마시지 못하게 했다.

얼룩말과 새끼가 물을 마시러 왔을 때, 모닥불 옆에 앉아 있던 원숭이가 뛰어나오며 소리쳤다.

"꺼져, 이 침입자들아. 이곳은 내 소유다. 내가 바로 '물의 지배자'다."

"물은 모든 이들의 것이지. 너만을 위한 것이 아니야, 이 원숭이야." 얼룩말의 새끼가 대꾸했다.

"너희가 물을 마시고 싶으면 나랑 싸워 이겨봐라."

화를 벌컥 내면서 원숭이가 말했다. 그리고 그들은 싸우기 시작했다. 일진일퇴를 반복하다가 얼룩말이 강력한 발차기로 원숭이를 그들 뒤쪽의 바위들 사이로 날려 버렸다. 개코원숭이는 엉덩이를 밑으로 한 채 매우 심하게 떨어졌고, 이날 이후로 원숭이는 떨어진 부위의 털이 없이 맨살로 지내게 되었다.

얼룩말은 비틀거리다 원숭이가 지펴 놓은 불 위로 넘어져 가죽이 타버려 하얀 털을 가로지르는 무늬가 생겼다. 깜짝 놀란 얼룩말은 평원으로 쏜살같이 도망갔고, 그곳에서 계속 살게 되었다.

그러나 개코원숭이는 바위 위로 올라가서 털 없이 맨살 부위를 잘 보이도록 꼬리를 들어 보이며, 모든 침입자에게 위협적으로 짖기를 계속했다.

까마귀 목의 흰 테두리 선은 어떻게 생겼을까?
… 남아프리카공화국/산족 전설

까마귀 목 주변의 흰색 테두리는 부시먼 부족의 여인들이 지방 덩어리로 묶어서 생겼다고 전해진다. 그녀들은 자신들의 남편이 온종일 사냥을 하느라 집에 돌아오는 시간이 늦어지면 남편을 찾으라고 새를 보내면서 지방 덩어리를 매달곤 했다. 그 지방 덩어리의 쓰임새가 까마귀가 오랫동안 날면서 먹잇감으로 사용했는지, 혹은 새가 남편을 찾았을 때 지친 그가 먹고 힘을 되찾는 용도로 쓰였는지는 명확하지 않다. 하지만 그 지방 덩어리가 까마귀의 목 앞부분에 지워지지 않는 얼룩을 남긴 것은 분명하다.

뱀은 왜 다리가 없을까?
… 남아프리카공화국/산족 전설

달은 미래를 볼 수 있는 동정심이 많은 신이었다. 달은 끔찍한 가뭄이 닥칠 것을 예견하고는 사마귀를 호출했다.

"사마귀야, 아내와 아이들, 모든 새와 동물들을 데리고 여기서 떠나거라. 얼마 있지 않아 이곳은 사막으로 변할 것이다."

그녀는 그에게 이렇게 경고했다. 사마귀는 모든 동물에게 소식을 전하고 이들과 함께 여러 곳으로 이동하였다. 그런데 뱀은 그 행렬에서 빠졌다. 당시에 뱀은 다른 동물들처럼 다리가 있었다. 게을렀던 뱀은 사마귀의 말을 믿지 않았다.

"싫어요, 나는 여기 있을래요. 당신이 말하는 가뭄이 걱정되지는 않아요."

이렇게 뱀은 말했다. 하지만 머지않아 비가 내리지 않아 풀들이 마르고 작고 통통한 개구리들이 멀리 떠나버리자, 뱀은 야위어갔고 너무 배가 고파서 이미 떠난 동물들을 따라갔다. 하지만 이미 대지는 사막으로 변했고 뱀을 지탱해주던 지쳐버린 발은 뜨거운 모래 속으로 빠져들어 갔다. 마침내 절망에 휩싸여 뱀은 소리쳤다.

"달님, 제가 한 행동이 부끄러워요. 태양으로부터 저를 구해주세요. 앞으로 제 생각을 고칠게요."

달은 뱀을 불쌍히 여겼다. 그리고 한순간에 뱀의 다리는 사라져버렸다. 그리고 뱀은 미끈거리는 가죽을 활용해서 전처럼 모래

속에 빠지지 않고 아주 쉽게 뜨거운 모래 위를 미끄러지며 갈 수 있었다. 사막에서 빠져나갈 방법을 찾은 후, 뱀이 자기 생각을 정말로 바꾸었는지에 대해선 여기서 이야기하지 않겠다. 하지만 이 파충류에 대한 일반적인 느낌을 고려할 때, 과연 그렇게 했는가는 의심스럽기만 하다.

카뉴와 개코원숭이

··· 남아프리카공화국/산족 전설

오래전에 아프리카에서 개코원숭이는 산 부족, 즉 부시먼 부족처럼 작은 남성이었다. 하지만 더 장난스럽고 싸우기를 좋아하며 털이 아주 많았다. 어느 날, 개코원숭이와 부시먼 부족의 남자가 '카뉴'의 아들, '코가즈'와 만났는데, 코가즈는 활을 만들 수 있는 막대기를 모아오라는 아버지가 시킨 일을 하는 중이었다.

"아하! 너의 아버지가 우리를 죽일 활을 만들 테니, 대신에 우리는 너를 죽여야겠다."

그 둘은 소년의 주위를 돌면서 그를 희롱하였다. 그리고 그들은 가엾은 코가즈를 죽였다. 그런 다음 나무 꼭대기에 소년을 매달아 두고는 그 주위로 춤을 추면서 노래를 계속 불렀다.

"카뉴는 자기가 영리하다고 생각한다네!"

잠들어 있던 카뉴는 곧 잠에서 깨어 뭔가 잘못되었다고 느꼈다. 그는 아내 '코티'를 불러 마법 도구를 갖다 달라고 말했다. 그가 코에다 이것을 문지르자, 신이 내렸다. 그는 생각하고 또 생각했다. 그러다 갑자기 껑충 뛰면서 말했다.

"털이 많은 작은 남자가 코가즈를 매달았다."

그리고 집에서 나와 그 작은 생물들이 춤추며 소란을 피우는 곳으로 갔다.

부시먼과 개코원숭이는 그가 다가오는 것을 보고는 겁에 질려 노래를 바꾸어 불렀지만, 근처에 숨어서 그들을 보고 있었던 어린 소녀가 말했다.

"그렇게 노래 부르지 말아요. 좀 전에 불렀던 것처럼 노래해 봐요."

그러자 카뉴가 명령했다.

"이 여자아이가 원하는 대로 노래해라."

그들은 좀 전에 그랬던 것처럼 노래하고 춤추었다.

그러자 카뉴가 말했다.

"그렇지. 내가 들었던 노래가 바로 그것이다. 내가 원했던 것이지. 내가 돌아올 때까지 계속 춤추고 있어라."

그는 사라졌다가 짧은 풀로 만든 조각 끈들이 가득 들어있는 바구니를 가져와서는 춤추는 부시먼과 개코원숭이 뒤로 가서 엄청난 양의 먼지를 만들었다. 그리고 풀로 된 조각 끈 하나를 마법 주문과 함께 둘의 뒤편으로 가져갔다. 부시먼과 개코원숭이는 털투성이인 꼬리에 나무뿌리, 딱정벌레, 전갈 등이 달라붙은 것에 놀라 짖어댔다. 계속 벼룩으로 가려워진 온몸을 긁다 못해 껑충껑충 뛰었다. 그들은 이해할 수 없는 말을 서로 계속 지껄이면서 산 밖으로 달려갔다. 그러자 카뉴는 나무 위로 올라가서 코가즈를 데리고 내려왔다. 그리고 마법으로 그를 다시 살려냈다.

사실 오늘까지도 부시먼 부족은 개코원숭이의 언어를 이해할 뿐만 아니라 어느 정도까지 이들과 대화까지도 가능한 유일한 종족인 것으로 알려졌다.

바위 구멍에 얽힌 두 개의 전설
… 남아프리카공화국/전설

커피 베이의 해안 휴양지로 가는 길에 남부 아프리카 해안에서 가장 아름다운 장소 중 하나인 '바위 구멍'으로 이어지는 장소가 있다. 절벽에서 떨어져 나온 엄청난 크기의 이 바위는 오랫동안 파도에 침식되어 그 중심 부분이 커다랗게 구멍이 난 형태를 띠고 있다. 이 바위는 특정 계절이나 밀물 때가 되면 파도치는 소리가 바위의 구멍에 공명을 일으켜 주변 계곡 전체에까지 들리는 장관을 보여준다. 포르투갈인은 이 바위를 분수의 바위라고 불렀고, 코사 사람들은 이곳을 '천둥 치는 곳'이라는 뜻을 가진 '이지칼레니'라고 부른다. 이 바위는 '음파코' 강변에 있어서 파도보다 강물이 바위의 구멍을 만들었다고도 전해진다.

이 바위는 코사족에게는 '가축 대재난'이라는 역사적 사건이 일어났던 비극의 장소로 상징된다. 또한 이보다는 훨씬 더 낭만적인 전설도 전해진다.

첫 번째 전설

어느 날 '논콰와우세'라는 어린 소녀가 물웅덩이에서 조상들의 전령을 보게 되었다. 그녀는 삼촌 '믈라카자'에게 자신이 보았던 환영을 말해주었다. 믈라카자는 코사족의 중요한 사제였는데, 코사인들 사이에서 중요한 영향력을 가진 사람이었다. 조카가 보았던 환영을 해석하는 과정에서 믈라카자는 엉뚱한 예언을 사람들에게 전했다. 그 예언에 따르면 코사 전사들의 영혼을 가진 병사들이 곧 바다에 도착하며, '바위 구멍'을 통해 땅으로 내려와 코사인들이 싫어하는 영국인을 물리친다는 것이었다. 그리고 그는 이 전사들을 돕기 위해 코사 사람은 자신들이 가진 곡식은 물론 가축까지 제물로 바쳐야 한다고 말했다. 아울러 영국인과 싸워 이긴 후에는 모든 사람에게 풍성한 음식이 제공될 것이라고 덧붙였다. 코사족 사람들은 그가 해석한 예언을 충실하게 따랐다. 그들이 가진 가축 전부를 잡아 제단에 바쳤다. 결과적으로 수천의 코사인들이 굶어 죽었고 영국인들은 어렵게 살아남은 나머지 사람들을 쉽게 정복하였다.

두 번째 전설

코사족의 신화에는 인간과 유사하면서도 온몸이 유연하고 지느러미가 있는 손발을 가진 반신반인의 바다 종족 이야기가 있다. 물속에서 주로 사는 이들 바다 종족은 사람들을 귀찮게 하고 장난을 즐기긴 하지만, 친절할 성격을 지닌 것으로 그려진다.

내륙의 큰 석호와 가까운 와일드 코스트 해변 마을에 한 아름다운 소녀가 살았다. 소녀는 너무 예뻐서 바다 종족 중 한 명이 그녀와 사랑에 빠졌고, 바다에서 함께 살자고 그녀를 설득했다. 그러나 그녀가 속한 마을 사람들은 강가에서 물고기를 잡아 살아가는 땅의 종족이었다. 그들은 어둡고 반짝이는 잎을 지닌 우유나무가 석호 주변을 가득 채우고 있는 호수에서나 수영할 뿐, 바다와는 인연이 없었던 종족이었다. 오래전에 땅의 종족 사람들은 바다가 잔인하고 위험하다는 결론을 내렸고 어린 소녀들에게 바다로 나가 돌아다니지 말라고 경고했다.

"바다 종족을 조심해야 한단다. 그들은 소금이 뒤범벅된 채로 태어나 바다처럼 위험한 족속이지. 우리가 단단한 땅과 밝고 넓은 초원에서 살고 있기에 그들은 우리를 부러워한단다." 그들은 소녀에게 말했다.

하지만 바다 종족과 사랑에 빠진 소녀는 마을 장로들의 조언을 전혀 귀담아듣지 않았다. 심지어는 아버지가 그녀에게 말해도 마찬가지였다. 바다의 아름다움에 흠뻑 빠진 소녀는 하룻밤 사이에 밤의 어둠 속으로 미끄러져 자신의 연인과 만나고 말았다. 바다 종족과 사랑에 빠져 가족과 마을을 버리고 바다로 사라진 딸아이의 금지된 사랑을 뒤늦게 알게 된 소녀의 아버지는 도대체 언제 바다가 딸을 유혹했는지를 알 수도 없었다.

소녀의 아버지가 딸을 애타게 부르는 소리를 듣게 된 바다 종족 연인은 그녀를 안심시켰다. 그는 그녀를 향한 자신의 영원한 사랑을 증명하기 위해 소녀에게 자신이 무엇을 하는가를 지켜봐 달라고 말했다. 그러자 해가 사라지는 바위를 배경으로 가늘고도 희미한 형상이 조금씩 나타나기 시작했다. 그녀는 눈을 크게 떴다. 소녀는 점차 뚜렷하게 드러나는 것을 자세히 보기 위해 석호 쪽으로 달려갔다. 땅 종족의 사람들도 갑자기 바다에서 일어나는 현상을 보기 위해 모이기 시작했다. 바다 종족의 남자는 빛나는 녹색 비늘과 커다란 머리를 가진 엄청난 크기의 바다뱀을 호출한 것이다. 괴물은 그 거대한 머리를 사용하여 커다란 바위벽에 큰 구멍을 만들었다. 그러자 엄청난 크기의 물기둥이 그곳에서부터 솟구쳐 나왔다. 그리고 수백의 바다 종족들이 나타나서는 노래하고 소리치고 기뻐하며 팔을 흔들었다.

그들 모두 앞에서 바다 종족 남자는 그녀에게 청혼하였다. 그는 파도를 타고 바로 그녀 발 앞에 와서는 팔을 벌렸고, 그녀는 그에게 다가갔다. 기쁨에 넘쳐 거품을 만들어 낸 파도가 물러났을 때, 그녀는 바다 종족과 함께 바위벽에 뚫린 구멍을 통해 사라졌다. 마을 사람들은 그녀를 다시는 볼 수 없었다.

이것이 코사 사람들이 전하는 이야기이다. 파도가 높게 치는 밤이면 사람들은 그 파도 소리 속에서 바다 종족이 자신들의 배우자를 찾는 소리를 들을 수 있다고 말한다. 바위에 난 벽의 구멍을 통해 끊임없이 드나드는 바다 종족의 소리를 말이다. 바위의 구멍에 대한 이야기에 흥미를 느낀 용감한 수영 선수들이 이 구멍을 통과하려고 수없이 시도했다. 하지만 엄청난 파도의 힘 앞에 모두가 실패하고 말았다. 그리고 와일드 코스트 지역에서 난파된 선박의 잔해가 이따금 씩 해변의 수영장에서까지 발견되었다.

개코원숭이의 판결
··· 남아프리카공화국/전설

 옛날에 쥐 한 마리가 재단사의 옷을 찢은 적이 있었다. 재단사는 개코원숭이에게 가서 쥐에 대해 험담을 늘어놓았다.
 "들어봐. 쥐가 내 옷을 찢었지만 나는 아무것도 모르고 고양이를 욕했어. 고양이는 결백을 주장하면서 개가 그런 것이 틀림없다고 말했지. 그런데 개도 자신은 아니라면서 나무가 그랬다고 말하더라고. 나무도 불이 그랬다면서 책임을 미루고, 불은 자신이 아니라면서 물이 그랬다고 했어. 물은 다시 코끼리가 그랬다고 했고, 코끼리는 개미가 그랬다고 했어. 논쟁이 벌어진 거야. 그래서 너한테 온 거야. 전부 다 불러서 누가 내 옷을 찢었는지 판단해줘."
 이렇게 그가 말하자, 개코원숭이는 누가 그랬는지 재판하기 위해 당사자들을 모았다. 당사자 각각은 상대방에게 책임을 돌리면서, 재단사에게 한 것과 똑같은 변명을 했다. 그래서 개코원숭이는 당사자를 벌 줄 방법을 찾을 수 없었다. 그러자 개코원숭이가 말했다.
 "쥐야, 재단사의 입장을 고려해."
 그러나 쥐는 무죄를 주장했다. 그러자 개코원숭이는 고양이에게 말했다.
 "고양이야, 쥐를 물어."
 고양이는 그렇게 했다. 그러고 나서 개코원숭이는 고양이에게 똑같은 질문을 던졌고, 고양이가 무죄를 주장하자 개에게 말했다.

"고양이를 물어."

이런 식으로 개코원숭이가 대상자 모두에게 차례차례 질문 했으나 그들은 모두 혐의를 부인했다. 그러자 개코원숭이가 그들에게 말했다.

"나무야, 개를 때려.

불아, 나무를 태워.

물아, 불을 꺼버려.

코끼리야, 물을 마셔.

개미야, 코끼리의 가장 부드러운 부분을 깨물어."

그들은 그렇게 했고, 그날 이후 그들은 더는 서로 동의할 수 없었다.

개미는 코끼리의 가장 부드러운 부분으로 들어가서 코끼리를 물었다.

"코끼리가 물을 삼킨다.

물이 불을 끈다.

화재로 인해 나무가 탄다.

나무가 개를 때린다.

개가 고양이를 문다.

그리고 고양이가 쥐를 문다."

이 판결로 재단사는 만족했고, 개코원숭이에게 이야기했다.

"그래! 이제 만족해. 정말 고마워. 정의를 구현해서 나를 살려 줬어."

그러자 개코원숭이가 말했다.

"오늘부터는 나를 '얀'이라 부르지 말아줘. 내 이름은 이제 개코원숭이가 될 거야."

하지만 이 어리석은 판결 때문에 개코원숭이는 그때부터 두 발로 서서 걷는 특권을 잃어버리고 네 발로 걷게 되었다.

잃어버린 메시지

… 남아프리카공화국/전설

언제부터인지는 몰라도 개미에게는 수많은 적이 있었다. 크기가 작은 데다 뭐든 망가트리는 개미에게도 이 적들은 위협적이었다. 그중에는 새들뿐만 아니라 개미핥기도 있다. 개미핥기는 오로지 개미를 잡아먹는 것으로 생명을 유지했다. 그리고 지네도 기회가 있을 때마다 개미를 습격했다.

그런 이유로 해서 몇몇 개미들이 모두 모여 회의를 여는 것이 좋다고 생각했다. 개미들은 자신들을 잡아먹는 새들과 동물들로부터 공격을 당할 때 피할 수 있는 안전한 장소를 회의를 통해 찾을 수 있지 않을까 기대했다. 하지만 회의에서 제안된 다양한 의견 가운데 어느 것을 선택해야 할지 결정하기는 쉽지 않았다. 회의장에는 붉은 개미, 쌀 개미, 개똥벌레 개미, 회색 개미, 빛나는 개미 등 많은 종류의 개미가 참여했다. 토론은 정말로 뒤죽박죽이었다. 오랜 시간 동안 토론이 지속하였음에도 그 어떤 것도 결정되지 않았다. 한쪽은 모든 개미가 땅속의 작은 구멍으로 가서 살아야 한다고 제안했고, 다른 쪽은 땅 위에 개미만 들어갈 수 있는 넓고 튼튼한 거주지를 지어야 한다고 제안했다. 누군가는 개미핥기에게서 벗어나 나무에다 여전히 집을 짓기를 원했지만, 이것은 완전히 새의 먹잇감이 되자는 말이었다. 또 다른 이들은 날개를 이용해 날아다니는 것에 관심을 가졌다. 그리고 이미 말했던 바와 같이 토론에 토론을 거듭한 회의는 아무런 결론도 없이 끝나버렸고, 각자가 나름의 방식으로 살아남고 스스로 그 책임을 지는 것으로 의견이 모였다.

세밀하게 분리된 부분들이 합쳐져 이루어진 단체는 그 어떤 것보다 조직적일 수밖에 없다. 각자의 역할에 맞는 과제가 부여되고 이 과제를 탁월하게 규칙적으로 수행하는 것, 이러한 방식이야말로 단체의 구성원 모두가 단일한 방식으로 함께 일하는 것이다. 종류별로 나뉘어 각자의 영역으로 돌아간 개미떼 중의 일부는 자신 중에서 왕을 선출하였다. 그리고 각자가 맡을 일을 나누어 가능한 한 원활하게 완수하였다. 각각의 개미떼들은 자신들의 방식대로 위험에 대처하였다. 하지만 그 개미 중 누구도 새나 개미핥기의 공격에 대항하여 자신을 스스로 보호할 생각을 하지 못했다.

붉은 개미는 땅에 집을 짓고 그 밑에서 살았다. 하지만 그들이 며칠 동안 공들여 지은 귀한 집은 순식간에 개미핥기에 의해 무너졌다. 쌀 개미는 땅 밑에서 살았지만 별로 나을 것도 없었다. 그들이 집에서 나오는 순간을 노려 개미핥기가 찾아와 쓸어 담듯이 먹어치웠기 때문이다. 개똥벌레 개미는 나무로 달아났지만, 그곳에는 지네가 기회를 노리고 있거나 게걸스러운 새들의 먹이가 되었다. 회색 개미는 멸종을 피해 살길을 찾아 하늘을 날려고 시도했지만, 그 역시 쓸데없는 방식이었다. 왜냐하면, 도마뱀, 사냥 거미, 그리고 새들이 훨씬 더 잘 날아다녔기 때문이었다.

개미들이 아무런 합의에 이르지 못했다는 소식을 들은 곤충의 왕이 그들에게 화합의 비밀과 '공유 노동'이라는 메시지를 보냈다. 왕은 이 메시지의 전달자로 딱정벌레를 선정했지만, 불행하게도 그 딱정벌레는 때맞춰 개미떼들의 영역에 도착하지 못했다. 그래서 개미들은 오늘날까지도 여전히 내분의 상징이자, 천적의 먹잇감으로 남겨진 것이다.

얼룩말 종마

··· 남아프리카공화국/전설

개코원숭이는 물을 마시는 암컷 얼룩말을 괴롭히곤 했다고 한다. 그런데 암컷 얼룩말 중의 한 마리가 새끼를 낳게 되었다. 다른 암컷 얼룩말들이 그녀가 어린 수컷 새끼에게 젖을 먹이는 것을 도와주었고, 어린 말은 무럭무럭 잘 자라서 늠름한 얼룩말 종마가 되었다. 다른 얼룩말들이 물을 마시기를 원하면, 얼룩말 종마가 그들을 물웅덩이로 데려갔다.

이것을 본 개코원숭이들이 이전에도 그랬던 것처럼 얼룩말들을 물에서 쫓아냈다. 암컷 얼룩말들이 아무것도 못하고 있는 동안, 얼룩말 종마가 앞으로 나와 개코원숭이 중의 한 마리에게 말했다.

"잇몸으로나 먹는 것들아, 비켜."

그러자 개코원숭이가 종마에게 말했다.

"입 좀 벌려 볼래? 네가 뭘 먹고 사는지 좀 보자."

종마가 입을 열어 보여주자 입안에 우유 같은 하얀 액체가 가득했다. 그리고 나서 종마가 개코원숭이에게 말했다.

"나도 볼 수 있게 네 입 좀 벌려 볼래?"

개코원숭이가 입을 벌렸지만, 잇몸만이 훤하게 드러나 있었다. 그때 개코원숭이가 재빨리 수컷 말의 입에 있는 하얀 액체를 핥아먹었다. 개코원숭이의 이런 행동에 종마는 화가 나서 개코원숭이를 어깨로 밀쳐 뜨겁고 평평한 바위에 쓰러트리고 눌러버렸다.

그날 이후 개코원숭이의 엉덩이 털이 벗겨졌다.

개코원숭이는 슬퍼하며 말했다.

"잇몸으로만 먹는 내가 우유를 먹는 놈한테 당했네."

하이에나의 뒷발이 짧은 이유

··· 남아프리카공화국/전설

하얀 구름이 생겨났을 때, 자칼과 하이에나는 함께 있었다고 전해진다. 자칼은 구름 위로 가서 마치 구름이 통통하게 생긴 먹을 것인 양 먹었다. 구름에서 내려가고 싶어지자 자칼은 하이에나에게 말했다.

"누이야, 네게도 나누어 줄게, 내려갈 테니 날 잘 잡아줘."

그래서 하이에나는 자칼을 잡고서는 그가 추락하지 않게 해 주었다. 그리고 하이에나 역시 구름 위로 가서 구름의 맨 윗부분까지 먹어 버렸다.

양껏 먹어 만족한 그녀는 말했다

"회색의 오빠야, 이제 나를 잘 잡아 줘."

회색빛의 장난꾸러기는 그녀에게 말했다.

"누이야, 내가 꼭 잡아줄게. 이제 내려와."

자칼이 손을 내뻗자 하이에나가 구름에서 내려왔다. 하이에나가 거의 내려왔을 때, 자칼이 어렵게 옆으로 펄쩍 뛰면서 소리쳤다.

"누이야, 나쁘게 생각하지 마, 아야, 아야, 가시에 찔렸어."

그러자 하이에나는 아래로 떨어져 버렸다. 그리고 안타깝게도 상처를 입고 말았다.

그날 이후 하이에나의 뒷발은 앞발보다 짧아졌다고 전해진다.

저주받은 저주
… 남아프리카공화국/민담

한 노파가 이웃 마을의 결혼식 잔치에 갔다가 집으로 돌아오면서, 내내 그 잔치에 대한 생각을 하고 있었다. 그래서 노파는 길 위에 깨진 항아리를 보지 못하고 밟고 말았다. 발을 베이는 바람에 노파는 가지고 있던 물건들을 떨어뜨리게 되었다.

"어떤 멍청이가 쓰레기를 길가에 흘리고 다녔냐? 그 멍청이에게 저주가 내려라! 지금부터 그 멍청이의 첫 아이는 벙어리가 돼 버려라, 에이. 길에다 깨진 항아리를 버리고 가는 것보다 더 멍청한 누군가가 나타나기 전까지 그 멍청이는 저주에서 풀려나지 않아야 해, 에이."

실컷 화를 풀고 난 다음에 노파는 흩어진 물건들을 모아 주워 들고 집으로 향하는 길로 내려갔다.

언덕에서 약간 떨어진 곳에는 '템베'라는 어린 소녀가 부모와 함께 살고 있었다. 노파가 저주를 내리고 있을 때, 그녀의 엄마는 집 주변에서 미친 듯이 무엇인가를 찾고 있었다.

"여보." 그녀는 소리쳤다.

"물 항아리를 못 봤어요? 항아리를 텃밭에 가져가지 않았나요?"

"내가 가져갔었어." 남편이 대답했다

"그런데 집으로 돌아오기 전에 달구지 뒤에 놔두었는데."

"그래요? 당신이 가지고 있지 않다면…" 아내가 생각하듯 말했다.

"아마 템베가 봤겠지. 템베, 템베야, 너 물 항아리 어디 있는지

봤니?"

하지만 어린 딸은 그 어떤 대답도 할 수 없었다. 그녀는 이유없이 갑자기 벙어리가 된 것이다.

항아리가 없어졌다는 사실은 당연히 관심사에서 지워졌다.

"누군가가 우리 딸에게 저주를 걸었나 봐요!" 소녀의 어머니가 울부짖었다.

"우리 템베에게 이런 저주를 누가 왜 걸었을까요?"

부모는 딸을 수많은 주술사에게 데려갔지만, 그들 누구도 이 어린 소녀의 저주를 풀지 못했다.

그리고 몇 년이 지났다. 템베는 벙어리로 살게 되었다. 그녀는 착하고 아름답게 성장했다. 하지만 템베의 아름다운 모습도 그녀의 부모에게는 위안이 되지 못했다.

두 사람은 걱정했다.

"누가, 도대체 누가 저주에 걸린 여자와 결혼하기를 원하겠어요?"

템베의 부모는 이 문제에 대해 심각하게 고민했다. 아름다운 처녀가 저주를 받았다는 이야기는 나라 전체에 퍼졌다. 그리고 딸아이가 커가는 모습을 지켜보던 부모는 이웃 사람들의 시선도 의식하게 되었다. 또한, 이웃들이 쑥덕거리는 것도 듣곤 하였다. 하지만 다행스럽게도 '은투'라는 젊은 남자는 이런 저주를 무시했다. 그는 템베가 아름답고 친절하며 사려 깊다고 여겼다. 그리고 은투는 자신의 힘이 닿는 한 템베를 돕기로 했다.

"나무의 정령에게 이 문제를 설명하면, 아마도 템베를 도와줄 거야."라고 은투는 생각했다.

"아마도, 그녀의 혀에 걸려 있는 주문을 영원히 풀어 줄 수 있을지도 몰라."

젊은 남자는 바로 그렇게 하기로 했다. 날이 저물고 아무도 자신이 할 일을 볼 수 없게 되자, 은투는 마을을 조심스레 빠져나와 높고 큰 성스러운 나무에게 갔다. 그리고 그는 나무의 정령 앞에 엎드려 정성을 다해 저주에 걸린 어린 소녀의 이야기를 했다.

은투는 성스러운 나무 아래에 토끼의 집이 숨겨져 있다는 사실을 전혀 몰랐다. 젊은 남자가 성스러운 나무에 간청을 하게 되자 잠을 자고 있던 토끼는 당연하게도 방해를 받게 되었다. 하지만 들었던 이야기가 너무 흥미로웠기에 토끼는 잠을 방해한 사실을 마음에 두지 않았다. 작은 미소를 얼굴에 띠면서, 토끼는 이 젊은이를 도와줄 방법을 생각하며 이 일이 매우 재미있겠다고 생각했다.

토끼는 한두 번 기침해서 목소리를 점검한 후, 낮고 굵은 어투로 말했다.

"은투야, 나는 너의 요청을 들었노라. 이제는 내가 이 젊은 여인을 도와준 후에 네가 나에게 어떤 답례를 할 것인지를 말해 보라."

"아. 위대한 나무 정령님." 은투는 소리쳤다.

"원하시는 것이 있다면 무엇이라도 말씀하세요. 템베를 돕기 위해서라면 저는 무슨 일이든 하겠습니다."

물론 이 대답이야 말로 토끼가 기대하던 것이었다. 마치 심각하게 숙고하는 것처럼 시간을 끈 후에, 꾀돌이 토끼가 대답했다.

"음, 그러면 너는 숲에서 신선한 초록색 채소와 맛있는 열매를 가져오너라. 매일 아침 그것들을 가져와 내 밑에 놓아 두어라. 네가 이런 일을 수행한다면, 그 젊은 여인을 내가 어떻게 도와줄 수 있는지를 생각하겠노라."

"저를 믿어주세요." 젊은 남자는 큰소리로 외쳤다.

그의 말은 사실이었다. 날마다 은투는 채소와 열매를 바쳤다. 그리고 매일 매일 토끼는 신선한 음식을 즐기게 되었다. 그렇지만 맛있게 음식을 먹게 된지 며칠이 지나자 토끼는 약간 미안함을 느끼게 되었다. 마침내 토끼는 이 젊은 여인을 찾아갈 필요가 있다고 생각했다. 사실 토끼는 무척이나 영악하고 노련했다. 아마도 이 상황에 대한 해결책을 지니고 있었으리라.

토끼는 템베의 농가를 찾는 데 아무런 문제가 없었다. 여러 차례에 걸쳐 채소를 훔쳐 먹었기에 토끼는 그 장소가 어디인지 정확하게 알고 있었다. 그리고 기대했던 바와 같이 그는 아버지의 밭에서 정성스럽게 일을 하고 있는 템베를 찾아냈다. 이 젊은 여인은 너무 열심히 일했기에 토끼를 발견하지 못했다. 그녀가 묘목을 심는 것을 토끼가 도와줄 수 있다고 말해도 템베는 대답하지 않았다. 그녀는 자신의 일에 몰두한 나머지 토끼가 하는 말을 듣지 못했기 때문이다.

"좋아. 내가 이렇게까지 하면 나를 알아차리지 않을 수는 없을걸."

토끼는 몇 개의 묘목을 가지고 템베를 쫓아갔다. 하지만 토끼는 묘목을 심을 때 뿌리가 하늘로 향하게 거꾸로 심어버렸다. 그럼에도 템베는 여전히 토끼를 주목하지 않았다. 아직도 묘목을 심어야 할 끝부분까지 템베가 도달하지 않았기 때문이었다. 묘목을 다 심고 끝에 이르게 되자, 템베는 그때서야 토끼가 한 일을 보았다. 그녀는 토끼를 쏘아보고는 주먹을 쥐고 흔들었다.
 "이 못된 동물 같으니!" 그녀는 소리쳤다.
 "묘목을 가지고 도대체 무슨 일을 벌인 거냐?"
자신이 말을 뱉었다는 것을 알게 되자, 템베는 갑자기 너무도 놀란 표정을 지었다. 그녀는 괭이를 팽개치고 밭을 가로질러 뛰어갔다. 웃고, 소리 치고, 노래하면서 그녀는 은투를 찾으러 갔다.
 "사람이 저러면 안 되는 거 아냐?" 토끼는 생각했다.
 "내가 도와준 것에 대해 고맙다는 말도 안 한다니. 어쨌든, 이 묘목들은 제대로 심는 것이 좋을 것 같군. 이젠 더 이상 공짜 식사를 배달받을 수도 없을 것 같으니 말이야."

새들의 왕

··· 남아프리카공화국/줄루족 민담

"할머니?"

그날 밤 모닥불 주위를 맴도는 침묵을 처음 깬 사람은 '토베카'였다. 할머니는 얼굴 가득 웃음을 띠고 호기심이 가장 많은 손주를 바라보았다.

"오냐, 예쁜아." 그녀가 대답했다.

"할머니, 힘센 사자, '부베시'가 모든 동물의 왕인 것은 알겠는데, 사자가 새들의 왕도 되나요?"

"아, 그거 흥미로운 질문이구나. 토베카야."

아이는 할머니가 옛날이야기를 해 줄 것이라는 것을 알고 바짝 다가와 앉았다.

"사자가 모든 동물의 왕이라는 네 말은 옳단다. 그리고 새들의 왕이라는 말도 맞다. 이 할머니가 옛날에 모든 동물이 자신들의 왕을 선출하기로 했었던 때의 이야기를 해주마."

창조주께서 바다와 육지, 하늘의 짐승들, 그리고 마지막으로 사람을 만들어 이 세상을 창조하는 일을 끝내려고 바쁘게 지낼 때였다. 거대한 독수리인 '은카와지'가 모든 새를 불러 모았다. 그러자 플라밍고, 산까치, 종달새는 물론 올빼미까지 모두 모였다.

"아, 어험."

은카와지는 자신의 목을 가다듬으며 말을 시작하자, 지저귀는 소리가 사라지고 모든 새의 시선이 이 거대한 독수리에게로 모여졌다.

"매우 중요한 일로 해서 여러분 모두를 이곳으로 모이게 했습니다. 다들 아시다시피, 사자인 커다란 부베시가 이 땅에 사는 모든 동물의 왕입니다. 하지만 어떻게 감히 그가 우리, 하늘의 위대한 날개 달린 생명체를 대변할 수 있겠습니까? 그래서 저는 우리가 자주적으로 새들 가운데서 우리의 왕을 선출할 것을 제안합니다."

새들이 이 제안에 대해서 서로 토론을 했고, 새들은 돌아가면서 자기 생각을 말했다.

"어험."

은카와지가 다시금 자신의 목을 가다듬었다. 그는 모든 새의 시선이 자신에게 쏠릴 때까지 기다렸다.

"여기 있는 새들 가운데에서 제가 가장 위엄 있고 당당하기에, 저, 은카와지를 새들의 왕으로 추천하고자 합니다."

회의에 모인 여기저기서 숙덕거림이 커지기 시작했다. 그때 유독 큰 목소리로 주목해달라는 동물이 있었다.

"찬성이오, 은카와지는 왕이 될 자격이 있습니다." 거대한 독수리 올빼미, '코바'가 말한 것이다.

"그렇지만 나 또한 날짐승의 왕이 되어야 한다고 생각합니다. 여러분이 보시다시피 나는 새 중에서 가장 큰 눈을 가지고 있고, 이 눈으로 무슨 일이 일어나는지 볼 수 있지요. 결과적으로 저는 매우 현명하다고 생각합니다. 지금 우리에게 필요한 것은 겉모습보다는 지혜로움입니다."

다시 새들이 수군거리는 가운데 세 번째 목소리의 새가 등장했다.

"저도 코바의 지혜와 은카와지의 당당한 자태를 인정합니다.

그렇지만 저 역시 저 자신을 새들의 왕으로 추천합니다."
아프리카 두루미, '은기티'가 모임의 가운데로 걸어 나오면서 말했다.
"저는 날짐승 왕국의 새 중에서 가장 넓은 날개를 갖고 있습니다. 지도자의 덕목으로 강함도 매우 중요한 것 아닐까요."
모든 새가 한꺼번에 말하기 시작했다. 어떤 이들은 독수리를 응원했고, 다른 이들은 올빼미가 왕이 되어야 한다고 확신했는가 하면, 어떤 새들은 아프리카 두루미를 지원했다. 그러다 길고 긴 논쟁이 벌어지는 가운데, 작은 목소리가 소음을 뚫고 나왔다.
"잠깐만요, 잠깐만요."
작은 아프리카 솔새 '은세데이'가 나섰다. 솔새는 너무 작고 보잘것없어서 다른 새들이 쉽게 알아차릴 수 없었다. 마침내 모여 있는 새들이 떠들기를 멈추고 솔새에게 발언권을 주었다.
"우리가 새들의 왕을 선출한다면, 왕은 제가 되어야만 합니다."
모든 새가 웃음을 터트렸다. 다들 이 작은 솔새가 농담을 한다고 생각했다. 은세데이가 새들의 왕이라니. 생각할 수도 없는 일이다. 이 바보 같은 새가 왕이 될 생각을 하고 있다? 대단한 자신감과 오만함이 놀라울 뿐. 무슨 헛소리를 하는 걸까.
"도대체 너를 우리의 왕으로 선출해야 하는 이유가 무엇이지?"
은카와지가 은세데이의 눈을 노려보며 물었다.
"글쎄요. 대단한 새들에게 기회를 주는 것만큼이나 그렇지 않은 새들에게도 기회를 주어야 한다는 것 말고는 없는데요."
은세데이의 제안을 비웃었던 새들은 이제 이 작은 동료의 용기에 깊은 인상을 받았다.

"우리에게 필요한 것은 경쟁입니다." 은카와지가 결정했다.

"우리의 왕이 되기에 적합한지 알기 위해 대회를 개최합시다."

모두가 이 결정에 찬성하였다. 보름달이 떠오른 뒤 첫 번째 날에 다시 모이기로 동의했다. 태양이 하늘 중앙에 떠올랐을 때 초원에서 만나기로 했다. 그리고 태양이 산꼭대기에 떠올랐을 때, 모든 새가 하늘로 날아올라 가장 높게 날아 하늘의 끝까지 가는 새가 왕이 되는 것으로 결정했다.

약속된 날에 새들이 모였다. 그들은 태양이 하늘에서 내려오는 것을 참을성 있게 지켜보았다. 태양이 산의 가장 높은 봉우리에 걸린 순간, 새들은 하늘로 날아올랐다. 정말로 대단한 장면이었다.

작은 새 은세데이도 함께 있었다. 그는 다른 새들만큼이나 자신도 왕이 될 수 있는 동등한 권리가 있음을 증명하기로 마음먹었다. 하지만 자신의 작은 날개로는 높게 날 수가 없음을 알았다. 그래서 그는 특별한 계획을 세웠다. 새들이 날아오르기 전에 은세데이는 힘센 독수리의 날개 아래로 슬며시 다가갔다. 그리고는 조심스럽게 독수리의 가장 큰 깃털 안으로 깊숙이 몸을 숨겼다. 은카와지는 태양의 궤적에 집중하느라 너무 바빠서 이런 것을 느낄 수 없었다.

새들은 점점 더 높이 날아올랐다. 작은 새들은 시간이 얼마 지나지 않아 경주에서 열외가 됐다. 그들은 날갯짓을 늦추어 땅으로 날아 내린 이후, 다른 새들을 바라보았다. 곧이어 세 마리의 새를 제외하고는 모든 새가 경쟁에서 탈락했다. 독수리, 올빼미, 두루미 중에서 누가 우승을 할 수 있는가를 두고 경쟁하게 되었다. 세 마리 모두 지쳐갔지만, 힘을 다해 더 높이 날아올랐다. 힘에 부친 올빼미가 날갯짓을 멈춰 경쟁을 포기하고 땅 쪽으로 방향을 바꾸었다.

이제 은카와지와 은기티가 남았다. 두 새는 높이 더 높이, 가까이 더 가까이 하늘의 끝까지 날아갔다. 하지만 은기티가 아무리 노력해도 몸이 무거운 은기티가 우승하기에는 힘이 부쳤다. 마지막 날갯짓을 힘껏 한 후에 두루미 은기티는 은카와지에게 말했다.

"여보게, 친구, 자네가 승리할 것 같아. 나는 더 높이 갈 수가 없어."

이러한 고백은 독수리에게 마지막 힘을 순간적이나마 낼 수 있게 하였다. 그는 마지막 힘을 모아 두루미보다 높이 날아올랐다.

"우히히히히!"

은카와지의 승리의 외침이 하늘에 가득 울려 퍼졌다.

"아직은 아니지, 은카와지."

은세데이가 짹짹이며 은카와지의 깃털 밑에서 총알 같이 튀어나왔다.

"너는 아직 이기지 못했어."

그리고 은세데이는 은카와지보다 더 높이 날아 하늘의 끝 가까이에 이르렀다. 아무리 힘을 내려 해도 은카와지는 더 멀리 올라갈 힘이 없었다. 신음을 내면서 그는 땅 쪽으로 미끄러지듯 떨어지기 시작했다.

밑에 있던 모든 새는 이런 사태를 바라보았고, 은세데이의 속임수에 분노했다. 은세데이가 땅으로 내려왔을 때 그는 기대했던 왕을 대하는 모습을 볼 수 없었다. 대신에 모든 새는 작은 은세데이에게 달려들어 깃털을 뽑을 태세였다. 하지만 재빠른 은세데이는 그들의 분노를 보고 재빠르게 텅 빈 뱀 구멍으로 날아갔다.

"나와, 은세데이." 두루미 은기티가 말했다.

"나와서 네가 받을 상을 받아라."

"맞아." 다른 모든 새가 그 말을 받았다.

"어서 나와, 은세데이. 너의 용감한 얼굴은 어디 있니?"

하지만 은세데이는 계속 숨어 있었다. 새들은 해가 진 이후에도 오랫동안 은세데이가 나올 때까지 구멍을 지켰다. 새들은 은세데이가 음식이나 물을 먹기 위해 언제든 나올 것으로 생각하며 오랫동안 기다렸다. 하지만 아침이 되어도 은세데이는 나오지 않았다.

"안되겠네." 은카와지가 말했다.

"배고파서 죽을 것 같아. 우리가 전부 이 구멍을 지킬 필요는 없잖아. 이 작은 거짓말쟁이가 나올 때까지 순번을 정해서 지키는 건 어때?"

몹시 지쳤던 대부분의 새는 이 제안에 다들 동의했다.

"난 아직은 피곤하거나 배고프지 않아." 올빼미가 자원해 나섰다.

"내가 첫 번째 감시자가 될게. 한두 시간 안에 나하고 교대할 새를 보내주기만 하면 돼."

빠르게 순번이 정해졌고 올빼미를 제외한 모든 새가 자러 가거나 사냥을 하러 떠났다. 올빼미는 먹이를 찾기 위해 기다리는데 익숙한 새이다. 기다리고 또 기다리는 일이 끝없이 이어질 듯했다. 그래서 그는 한쪽 눈을 감기로 했다.

"어쨌든 내 한쪽 눈이 다른 새들의 두 눈보다 더 크고 더 잘 볼 수 있는 거 아니겠어."

올빼미는 오른쪽 눈을 감고 왼쪽 눈만으로 어두운 구멍을 유심히 들여다봤다. 몇 분 뒤에 그는 오른쪽 눈을 뜨고 왼쪽 눈을 감아 감시하는 눈을 교대했다. 이렇게 하던 중 올빼미는 왼쪽 눈을 감을 때 오른쪽 눈을 뜨는 것을 잊어버렸다. 그래서 양쪽 눈이 다 감기게 되었다. 그리고 그는 잠이 들었다. 바로 이 순간이 은세데이가 기다렸던 시간이었다. 기회가 사라지기 전에 그는 구멍에서 재빠르게 나와 숲속으로 사라졌다. 올빼미와 교대하기 위해 돌아오던 독수리가 이 작은 새가 달아나는 것을 보고 소리쳤다. 독수리는 올빼미에게 다가가서는 그가 잠들어 있음을 발견했다.

"일어나, 이 바보야." 그는 올빼미에게 소리쳤다.

"네가 잠들어서 은세데이가 도망쳤잖아."

올빼미는 자신이 저지른 실수로 당황해했다. 다른 새들은 감시 중에 잠을 자 버린 올빼미가 낮에 자고 밤에 사냥하는 것을 알았기에 심하게 윽박지르지는 않았다. 그 사이 은세데이는 새들에게 오랫동안 안 잡힐 정도로 숲속 여기저기를 날아다니며 흔적을 남겨두고 나서는 사라져 버렸다.

"할머니, 그 다음에는요?" 토베카가 궁금함을 참지 못하고 물었다.
"누가 새들의 왕이 되었나요?"

할머니는 웃으면서 손녀를 쳐다보며 대답했다.

"토베카야, 그것은 아무도 모른단다. 지금도 새들은 왕의 자리를 놓고 다투고 있지 않을까?"

찌르레기

··· 남아프리카공화국/민담

새들이 왕을 원했다. 사람에게도 왕이 있고 동물도 그런데, 왜 새들이라고 안 될까? 모든 새가 모였다.

"타조가 왕이 되어야 해. 가장 큰 새잖아." 하나가 외쳤다.
"안 돼. 타조는 날 수가 없잖아."
"독수리는 어때? 모두가 그의 힘을 인정하지."
"안 돼. 그는 너무 못생겼어."
"콘도르는 어때? 가장 높이 날 수 있잖아."
"안 돼, 그는 너무 더러워, 냄새도 끔찍하고."
"공작새는 어때? 매우 아름다우니 왕의 자격이 있지 않을까?"
"발이 너무 못생겼어, 게다가 목소리도 이상해."
"올빼미는 어때? 잘 볼 수 있잖아."
"안 돼, 올빼미는 빛을 제대로 못 봐서."

그래서 새들은 더 나아갈 수 없었다. 그러다 하나가 큰소리로 외쳤다.

"가장 높게 나는 새가 왕이 되는 거로 하자."
"그래, 그러자." 모두가 소리 질렀다.

그리고 신호와 함께 그들은 모두 하늘로 곧장 날아올랐다. 콘도르는 3일 동안 멈추지 않고 태양을 향해 곧장 날아갔다. 그리고서 그는 큰소리로 외쳤다.

"내가 제일 높이 날았다! 내가 왕이야."

"찌륵, 찌륵, 찌르륵."

콘도르는 자신보다 높은 곳에서 나는 소리를 들었다. 그곳에 찌르레기인 팅크-팅크제가 날고 있었다. 그는 콘도르의 가장 큰 깃털 속에 재빨리 숨어있었는데, 너무 가벼워서 콘도르가 느끼지를 못했다.

"찌륵, 찌륵, 찌르륵, 내가 제일 높이 날았어, 내가 왕이야."
찌르레기가 짹짹거렸다. 콘도르는 또 하루를 더 날아올랐다.
"내가 제일 높이 날았다! 내가 왕이다."
"찌륵, 찌륵, 찌르륵, 내가 제일 높이 날았어, 내가 왕이야."
찌르레기가 놀리며 말했다. 콘도르의 날개 아래에서 빠져나오는 찌르레기가 또 있었다. 콘도르는 5일째 하늘로 곧장 날아갔다.
"내가 제일 높이 날았다! 내가 왕이다."
"찌륵, 찌륵, 찌르륵."
작은 동료가 그보다 위에서 짹짹거렸다.
"내가 제일 높이 날았다! 내가 왕이다."

콘도르는 너무 피곤해서 이제는 땅 쪽으로 내려갔다. 다른 새들은 너무 화가 났다. 찌르레기가 콘도르의 깃털에 숨어 높이 날아가는 편법을 썼기 때문에 죽어야 한다고 생각했다. 모든 새가 그를 쫓아가자 찌르레기는 쥐구멍으로 피신했다. 그러면 어떻게 이 새를 끄집어낼까? 찌르레기가 구멍에서 머리를 내밀 때 잡아챌 수 있게 누군가가 감시를 해야 했다.

"올빼미가 감시하면 좋겠어, 가장 큰 눈을 가지고 있잖아. 누구보다 잘 볼 수 있을 거야."

새들이 외쳤다. 올빼미가 구멍 앞에 가서 자리를 잡았다. 태양은 따듯했고 졸던 올빼미는 잠이 들어버렸다. 찌르레기는 고개를 내밀고 올빼미가 잠이 든 것을 보더니 재빨리 나와서 도망쳤다. 얼마 후 다른 새들이 찌르레기가 여전히 구멍 속에 있는지 살펴보러 돌아왔다.

"찌륵, 찌륵."

그런데 그들은 나무에서 찌르레기의 소리를 들었다. 그 작은 부랑자는 그곳에 앉아 있었다. 이것을 본 하얀까마귀는 너무도 화가 나 새들을 향해 돌아서서는 외쳤다.

"이제부터 나는 너희들과 한 마디도 나누지 않겠어."

그날부터 하얀까마귀는 결코 말을 하지 않았다. 당신이 그를 때린다 할지라도 그는 아무런 소리도 내지 않고, 울지도 않는다.

여자의 몸을 갖게 된 사자

··· 남아프리카공화국/민담

여자들이 뿌리와 풀 그리고 다른 야생 음식을 찾으러 나갔다. 그들은 집으로 오는 길에 들판에서 얻은 음식을 맛보았다. 음식 중 일부는 달콤했고, 다른 것은 썼다. 쓴 음식을 맛본 사람들끼리 이야기했다.

"이것 봐! 이 여자가 찾은 풀은 달아."

그리고는 그녀에게 말했다.

"이 음식을 버리고 다른 것을 찾아볼래?"

그래서 그녀는 가진 음식을 일단 버리고 다른 음식을 찾아보기로 했다. 충분한 음식을 찾자 그녀는 원래 있던 곳으로 왔는데 아무도 보이지 않았다. 그래서 강가로 내려갔고 거기에서 물을 긷고 있는 토끼에게 말했다.

"토끼야, 마실 물 좀 주겠니?"

"이 통은 삼촌인 사자와 나만이 사용할 수 있는 거야." 토끼가 답했다.

그녀가 다시 말했다.

"토끼야, 마실 물 좀 길어줘."

그러나 토끼는 똑같은 답을 했다. 그러자 그녀는 통을 빼앗아 물을 마셔 버렸다. 그러자 토끼는 집으로 도망쳐서 삼촌인 사자에게 얼마나 화가 났는지를 이야기했다.

한편, 여자는 통을 다른 것으로 바꾸고 길을 떠났다. 그녀가 가버린 후, 사자는 그녀의 집 근처로 와 멀리서 그녀를 쳐다보다가 그녀를 쫓기 시작했다. 그녀는 돌아서서 사자가 쫓아오는 것을 보자 다음과 같이 노래를 부르기 시작했다.

"우리 엄마, 내가 풀을 찾지 못하게 할 거야,

들판의 풀, 들판의 음식. 후!"

사자가 마침내 여자를 따라잡았고 그들은 수풀 주위를 돌면서 쫓고 쫓기기를 시작했다. 그녀는 구슬과 팔지를 착용하고 있었다. 사자가 말했다.

"나에게 구슬과 팔지를 줘봐."

그래서 그녀는 사자에게 구슬과 팔지를 빌려주었다. 그러나 사자는 돌려주지 않았다.

그래서 그들은 서로 다시 쫓고 쫓기기를 시작했다. 그러다가 사자가 나가떨어지자 그녀가 사자를 덮쳤고 못 움직이게 했다. 그러자 사자가 주문을 걸었다.

"나의 아주머니여! 아침입니다. 일어날 시간입니다.

기도하십시오, 나에게서 떨어지십시오!"

그러자 그녀는 사자에게서 일어났고, 그들은 수풀 주위를 돌면서 쫓고 쫓기기를 시작했다. 그러자 이번에는 그녀가 나가떨어졌고 사자가 그녀를 덮쳤다. 그때 그녀가 사자에게 말했다.

"나의 아저씨여! 아침입니다. 일어날 시간입니다.

기도하십시오, 나에게서 떨어지십시오!"

사자가 일어났고, 그들은 수풀 주위를 돌면서 쫓고 쫓기기를 시작했다. 그러자 이번에는 사자가 다시 나가떨어졌고 그녀가 사자를 덮쳤다. 그때 사자가 말했다.

"나의 아주머니여! 아침입니다. 일어날 시간입니다. 기도하십시오, 나에게서 떨어지십시오!"

그들은 다시 일어나서 쫓고 쫓기기를 시작했다. 그러다가 여자가 마침내 나가떨어졌다. 여자가 주문을 반복하자 이번에는 사자가 말했다.

"아침인가요? 일어날 시간입니까?"

그런 다음, 사자는 피부는 남긴 채로 여자를 잡아먹었다. 그리고 옷과 장신구와 함께 여자의 피부를 걸쳤는데 마치 여자처럼 보였다. 그리고 여자의 집으로 향했다.

변장한 여자가 집에 도착하자 여동생이 울면서 말했다.

"언니, 우유 좀 주세요."

"줄 수 없어." 언니가 답했다.

그러자 여동생은 마을의 대모[1]에게 말했다.

"대모님, 우유를 좀 주세요."

"언니에게 가서 달라고 하렴." 대모가 말했다.

여동생이 다시 언니에게 말했다.

"제발, 우유 좀 주세요."

"안 줄 거야." 그러나 언니는 다시 거절했다.

그러자 대모가 여동생에게 말했다.

"너의 언니가 들판에서 풀을 따는 것을 금하겠다. 도대체 무슨 일이 일어난 거지? 토끼에게 가서 우유를 달라고 해 보아라."

---

[1] 부족의 어머니 역할을 하는 사람 - 옮긴 이.

토끼가 여동생에게 우유를 주었다. 그러자 언니가 말했다.

"우유를 내게도 나눠 줘."

여동생은 대나무 통에 담긴 우유를 가지고 언니에게 갔고 언니와 동생은 우유를 마셨다. 그런데 이때 동생의 손에 우유가 약간 묻어서 언니가 혀로 핥았는데 너무 거칠게 해서 피가 났다. 이 피 역시 언니가 핥아 먹었다. 동생이 대모에게 불평했다.

"대모님, 언니가 상처를 내고 내 피를 핥아 먹었어요."

대모가 말했다.

"네 언니는 마치 사자처럼 내가 금지한 길을 갔다가 돌아왔다. 나는 아무것도 알 수 없다."

암소들이 서둘러 오자, 언니는 우유를 주려고 우유 통을 깨끗이 닦았다. 언니가 끈으로 앞발을 묶으려고 다가가자, 암소들은 언니가 주는 우유를 먹지 않으려고 했다.

토끼가 말했다.

"왜 암소 앞에 모래를 뿌리지 않니?"

"토끼야, 네 형제를 불러. 그리고 암소 앞에 둘 다 서 볼래?" 언니가 답했다.

언니의 남편이 말했다.

"암소가 내 처를 거부하다니 처에게 무슨 일이 생긴 것일까? 내 처가 항상 우유를 먹이던 소인데."

"오늘 저녁에 도대체 무슨 일이 있는 거지? 이 암소들에게는 언니가 항상 누구의 도움도 없이 우유를 먹였는데. 사자처럼 돼서 집에 오다니 도대체 왜 언니가 저렇게 됐지?" 대모가 말했다.

"저는 소에게 우유를 먹이지 않을 거예요." 언니가 대모에게 말했다.

이렇게 말하면서 언니는 앉아버렸다. 그러자 대모가 토끼에게 말했다.

"대나무 통을 가져 오거라. 내가 우유를 먹일 테니. 도대체 저 아이에게 무슨 일이 일어난 거지?"

대모가 소에게 우유를 먹였다. 그러는 동안, 토끼가 언니의 집으로 대나무 통을 가져왔다. 언니의 집에는 남편이 있었는데 언니는 남편에게 먹을 것을 전혀 주지 않았다. 늦은 밤이 되어서 언니가 곯아떨어졌다. 그때 사자의 털이 보였다. 사자 털이 삐져나와 있었는데 뒤집어쓴 인간의 피부가 벗겨졌기 때문이었다.

"세상에! 이 사람은 제 언니가 아니에요. 그래서 소들이 우유를 먹지 않았군요."

마을 사람들은 사자가 자는 오두막을 부수기 시작했다. 매트를 떼어내면서 사람들은 주문을 외었다.

"오 매트여! 나를 좋아한다면 '쉿' 하세요."

기둥에 대고 마을 사람들이 말했다.

"오 기둥이여! 나를 좋아한다면 '사라져라'라고 하세요."

마을 사람들은 대나무 통에도 비슷하게 말했다.

마을 사람들은 찬찬히 소리 내지 않고 오두막과 그 안에 있는 것들을 제거했다. 그런 다음 풀 몇 묶음을 뜯어서 사자 위에 놓고 불을 붙이면서 말했다.

"오, 불이여! 나를 좋아한다면 심장에 오기 전에 '부부' 하고 불

타오르라."

심장 쪽으로 가까이 가서 불이 타오르자 여자의 심장이 땅으로 튀어나왔다. 대모는 심장을 집어서 호리병 박에 넣었다.

사자는 불 속에서 대모에게 말했다.

"참 맛있게 네 딸을 먹었어!".

"너도 이제 편안한 장소에 있게 됐구나!" 대모가 답했다.

대모는 새끼를 밴 여러 암소의 첫 번째 젖을 짜서 딸의 심장이 들어있는 호리병 박에 넣었다. 호리병박은 점점 커졌고 이에 따라 소녀도 그 안에 다시 자랐다.

어느 날, 대모는 나무를 하러 갔다가 토끼에게 말했다.

"내가 돌아올 때까지 모든 것을 깨끗하게 정리해라."

그러나 대모가 없는 동안 소녀가 호리병 박에서 기어 나와서 예전에 했던 것처럼 오두막을 정리했다. 그리고 토끼에게 말했다.

"대모가 돌아와서 누가 했느냐고 물으면 토끼인 네가 했다고 말해줘."

그러고 나서 소녀는 숨어버렸다. 대모가 집으로 와서 물었다.

"토끼야, 누가 했니? 마치 내 딸이 한 것처럼 보이는데."

"제가 했어요." 토끼가 말했다.

그러나 대모는 그 말을 믿지 않고 호리병 박을 바라보았다. 호리병 박이 비어 있는 것을 보고, 주위를 살펴보았고 마침내 딸을 찾았다. 대모는 딸을 껴안고 입을 맞추었다. 그날 이후로 소녀는 대모와 함께 있으면서 예전처럼 살았다. 소녀는 결혼하지 않은 채로 남게 되었다.

은혜를 갚은 강아지의 사랑
··· 남아프리카공화국/민담

　호수 옆에 위치한 마을의 사람들은 매우 힘들게 살고 있었다. 하얀색의 괴물인 '나불레아'가 그 호수에 살았기 때문이다. 이 괴물은 말로 설명할 수 없게 난폭했다. 그를 만족시키기 위해 마을 주민들은 매일 저녁 해가 질 때 죽과 빵을 갖다 바쳐야 했다. 그들은 음식을 물가에 놔두고 급히 자리를 떠났다. 또한, 뛰어서 달아나야 했다. 누구나 알듯이 이 괴물은 죽이나 빵과 같은 공물을 받기는 했어도, 이것들을 가져온 사람들을 잡아먹는 것을 더 좋아했기 때문이었다.

　괴물이 마을 주민들을 괴롭혔지만, 마을의 추장은 그 문제를 거의 알지 못했다. 그는 자신의 문제에 더 골몰했기 때문이다. 추장의 아내들은 씩씩한 아들은 많이 낳았지만, 추장은 그들보다 딸을 갖기를 원했다. 이러한 생각에 빠져있었기에 그는 자신이 해야 할 일을 제대로 하지 못했다. 그러다 마침내 그가 가장 좋아하는 아내가 검은 눈을 지닌 사랑스럽고 예쁜 딸을 낳았다. 작은 아기가 웃자 추장은 매우 기뻐하며 말했다.

　"이 귀여운 공주님을 위해 잔치를 열어야겠어. 지금까지 이 마을에서 그 누구도 보지 못했던 축제로 말이야."

　축제는 며칠 동안 지속되었다. 이 기간에도 마을 사람들은 해가 지면 나불레아에게 음식을 가져다주었다. 추장의 어린 공주는 눈에 넣어도 아프지 않을 정도로 귀엽게 자랐다. 해가 갈수록 그녀의 아름다움은 더해만 갔다. 추장은 그녀가 원하는 것이라면 뭐든지 들어주었다. 그는 이국적인 깃털, 진귀한 모피, 빛나는 구슬로 딸을 꾸몄다. 사실 이런 종류의 사치는 어린 소녀를 망칠 수 있었다. 다행히 그녀는 모든 사람에게 친절했고 사랑스러웠다. 그렇지만 마을의 다른 소녀들은 그녀를 싫어했다.

"오늘 차려입은 것 좀 봐."

나이가 많은 소녀 중의 한 명이 뽀로통하게 말했다.

"새로운 목걸이를 차고 있네. 이번 목걸이는 나무 부적까지 붙어 있는데."

"난 쟤가 싫어." 어린 소녀가 소리쳤다.

"쉿, 공주가 우리말을 들으면 안 돼." 나이 많은 소녀가 속삭였다.

당연히 그녀들은 자신들의 감정을 비밀로 간직했다. 자신들이 추장의 하나뿐인 딸에 대해 어떻게 느끼는지를 추장이 알게 되는 것은 좋은 일이 아니었다. 그래서 그녀들은 공주와 함께 놀고 노래했으며, 매일 물을 마시러 강에 갈 때는 그녀와 같이 갔다.

어느 날, 강변에서 놀던 어린 소녀가 물속에서 물결 모양의 작은 발톱을 발견했다. 그것은 강아지였다. 누군가가 강아지 목에 돌을 묶어서 물에 빠트려 죽이려 한 것이었다. 대부분의 아이는 목에 돌이 묶인 작은 강아지를 보고 깔깔 웃었다. 하지만 어린 공주는 그것을 보자 물속으로 뛰어들어 죽어가는 강아지를 구했다. 그녀는 강아지를 품에 안고 조심스럽게 집으로 데려갔다. 강아지가 완전히 기운을 차리자, 소녀는 항상 강아지와 함께 다녔다. 소녀와 강아지가 서로를 너무 좋아한다는 사실은 모든 사람이 알아

볼 수 있었다.

몇 년이 지나자 마을에 변화가 생겼다. 공주는 사랑스러운 어린 처녀로 자랐고, 그녀의 강아지는 늙어서 강으로 물을 마시러 가는 것도 힘들어졌다. 변화가 생긴 것과는 달리 변하지 않고 그대로인 것도 있었다. 마을의 처녀들은 여전히 공주를 미워했다. 할 수만 있었다면 그녀들은 더 많이 미워했을 것이었다.

그러던 어느 날, 여자들이 진흙 구덩이에 갔을 때 끔찍한 일이 벌어졌다. 마을의 축제에 참여하는 사람들이 춤을 출 때 몸에 바를 황토를 여자들이 가져와야 했다. 그리고 구덩이에서 진흙을 모으는 동안 여자들이 모여서 수군거리더니 무서운 계획을 세웠다. 공주가 마지막으로 진흙을 모으기 위해 몸을 숙이는 순간, 여자들이 그녀를 움켜잡아 구덩이로 던져 버린 것이다. 공주의 모습은 흙으로 덮여 보이지 않았다. 그다음 그녀들은 자신들의 물건을 챙겨서 마치 아무 일도 없었던 것처럼 마을로 돌아갔다.

여자들이 집으로 돌아왔을 때, 이제는 늙어버린 개만이 그녀들을 주목했다. 이미 힘없는 늙은 개가 되었어도 공주를 따라다니는 것을 좋아했기 때문에, 추장은 개를 집 밖에 두고 줄로 묶어 놓았다. 처음에 개는 여자들을 보자 좋아서 껑충껑충 뛰었다. 하지만 추장의 딸이 보이지 않자 개는 짖어댔다. 개가 낑낑대는 소리에도 불구하고 그 누구도 공주가 집으로 돌아오지 않았다는 사실을 알아차리지 못했다.

밤이 되어 추장이 집에 돌아왔을 때 그는 뭔가 이상하다는 것을 알아차렸다.

"우리 딸이 어디 있지?" 그는 궁금해 했다.

"왜 딸아이의 개가 가죽 끈을 씹어 끊어버리고 사라졌지?"

추장은 마을의 여자들에게 자신의 딸을 보았는지를 묻고 다녔다.

"아니요, 우리는 하루 내내 그녀를 보지 못했어요." 그녀들은 거짓말을 했다.

"왜인지는 모르지만, 그녀는 우리와 함께 진흙 구덩이에 가지 않았어요."

그리고 한 소녀가 덧붙였다.

"오늘 아침 우물에서 물을 마시면서 그녀가 어떤 사람을 만났다고 이야기했어요."

추장은 마을의 남자들을 몇 명 불러서 딸을 찾는 것을 도와 달라고 부탁했다. 진흙 구덩이로 가기 위해 사람들이 횃불을 집어 들었을 때, 추장은 딸의 개가 집으로 절름거리며 돌아오는 것을 보았다. 개는 머리부터 발끝까지 온통 진흙으로 덮여 있었다.

"자, 착하지, 네가 진흙 구덩이에 갔다 왔구나. 그런데 그곳에는 왜 갔니?"

그때 추장은 개의 입에 물린 나무 부적이 달린 딸의 목걸이를 보았다.

순간 추장은 마을의 여자들이 그에게 거짓말을 했다는 것을 알아차렸다.

"딸이 진흙 구덩이에 있어. 빨리 가보세."

횃불을 높이 들고 추장과 남자들은 진흙 구덩이로 달려갔다. 그리고 이번에는 그 누구도 늙은 개가 그의 공주에게 되돌아가는 것을 말리지 않았다. 그들이 진흙 구덩이에 가까이 갔을 때, 사자를 피해 나무로 올라가 있던 추장의 딸이 기뻐하며 소리를 질렀다. 그녀가 서둘러 나무에서 내려오자 추장은 현장을 조사했다. 그는 어렵지 않게 딸아이에게 어떤 일이 일어났는지 이해할 수 있었다. 그는 딸이 묻혀 있었던 진흙 구덩이를 살펴보고 주인을 구하기 위해 그녀의 충실한 개가 남겨놓은 발톱 자국도 확인하였다. 그리고 마침내 딸을 안았을 때, 그녀의 얼굴에서 딸의 충실한 개가 그녀를 살리기 위해 얼굴을 핥은 자국도 볼 수 있었다.

"아빠, 아빠를 다시 보지 못할까 봐 겁이 났어요." 소녀는 울면서 말했다.

"너의 충직한 늙은 친구가 여기 없었다면, 무슨 일이 일어났을지 생각조차 하기 싫구나."

추장은 웃고 있었다.

"이 개가 나무로 된 부적 장식을 입에 물고 있는 것을 알기 전에는 왜 이놈이 온통 진흙투성이인지를 몰랐었단다."

"오래전에 제가 이 개를 물속에서 구했잖아요, 그랬던 것이 오늘 내 생명을 구하게 됐어요." 딸이 말했다.

추장이 그의 딸과 함께 마을로 돌아오자 마을 전체가 기뻐했다. 모든 사람이 공주가 무사히 집으로 돌아온 것을 보고 좋아했다. 물론 진흙 구덩이로 갔었던 여자들은 제외하고 말이다. 그녀들은 가슴을 졸였다. 당연하지 않겠는가. 마침내 추장이 여자들을 불러 모아 선언했다.

"죽음을 선사한 이들에게는 그에 합당한 죽음을 되돌려 주어야 한다. 하지만 나는 이 늙은 개에게서 배운 점이 있다. 때로는 생명을 구하는 것이 좋은 일이라는 사실을 말이다. 그래서 나는 너희들에게 살 기회를 주겠다. 비록 너희들이 그럴 가치를 지니지 못했지만 말이다. 너희가 만일 살기를 원한다면, 너희는 잔혹한 괴물 나불레아를 내 앞에 데려와야만 한다. 그 괴물은 그동안 우리 마을을 충분히 괴롭혔다. 자, 나에게 그 괴물을 데려오너라. 그러면 너희의 생명을 연장해 주마."

추장의 제안은 여자들에게 선택의 여지를 주지 않았다. 그들은 무서운 괴물의 손에 죽거나 아니면 추장의 손에 삶이 결정되는 처지에 놓이게 된 것이다. 여자들은 서둘러 자신들의 목숨을 구하고 추장을 만족하게 할 방법을 세워야만 했다.

해가 지자 여자들은 나불레아에게 가지고 갈 죽과 빵을 가지고 호수를 향해 출발했다. 그러나 호숫가에 먹을 것을 전부 놔두고 도망쳐야 함에도 그녀들은 물길을 따라 빵 덩어리를 흘리며 괴물이 물에서 나오기를 원했다. 사실 괴물은 빵이나 죽에 신경을 쓰기보다는 오히려 그것을 가져온 여자들에게 더 관심을 가졌었다. 그리고 물길을 따라 여자들이 남아 있었기에 나불레아의 관심은 곧바로 그녀들에게 쏠렸다. 괴물이 물에서 나오자 여자들은 이 하얀색의 괴물이 실제로 얼마나 큰지를 알게 되었다. 그리고 괴물이 입을 벌리고 소리를 지르자, 그녀들은 괴물의 이빨이 얼마나 날카로운지도 보았다. 그 이빨들은 여자들에게 너무 커 보였다. 그녀들은 죽 그릇을 내팽개치고, 마을 쪽으로 도망갔다. 나불레아는 여자들을 뒤쫓아 갔다. 그나마 다행이었던 것은 괴물이 너무 빨리 쫓아왔기에 그녀들도 정신없이 앞으로 뛰었다는 것이다.

여자들은 마을 안으로 달려와서는 곧바로 마을의 가축우리 입구로 들어갔다. 괴물은 그 뒤로 거의 따라붙었다. 물론 여자들은 가축우리에 갇힐 생각은 전혀 없었다. 그녀들은 기를 쓰고 달려 뒷문으로 빠져나갔다. 그러자 두 사람이 우리의 앞문을 닫아버렸다. 또 다른 두 사람은 나불레아가 뒷문으로 빠져나가지 못하게 곧바로 뒷문까지 꽉 닫았다. 그리고 두 사람은 정문을 자물쇠로 채워 잠갔다. 이제 하얀 괴물은 완전히 덫에 빠진 것이다. 여자들이 나불레아를 가두는 데 성공하자, 이제 괴물을 상대하는 것은 그녀들의 아버지들 몫이었다. 방패와 창으로 무장한 전사들은 괴물을 쉽게 처리하였다.

마을의 여자들은 하얀 괴물의 가죽으로 멋진 망토를 만들어 추장에게 바쳤다. 추장은 그녀들을 용서했을 뿐만 아니라, 평생 그 망토를 걸치고 다녔다. 그리고 괴물의 하얀 가죽을 가지고 추장의 딸과 충직한 개를 위한 망토를 만든 것은 당연한 일이었다.

백인 남자와 뱀

··· 남아프리카공화국/민담

옛날에 한 백인 남자가, 큰 돌이 넘어지는 바람에 그 밑에 깔려 움직일 수 없는 뱀을 마주쳤다. 백인 남자는 돌을 들어 올려 뱀을 꺼내 주었다. 하지만 그가 그렇게 하자, 뱀은 그를 물려고 했다. 백인 남자가 말했다.

"물지 마! 먼저 현명한 사람에게 가보자."

그들은 하이에나에게 갔다. 백인 남자가 그에게 물었다.

"돌 밑에 깔려 움직일 수 없는 뱀을 내가 도와주었는데, 뱀이 나를 물려고 하는 것이 옳은 일일까?"

백인 남자의 몸 일부를 자신의 몫으로 챙길 수 있다고 생각한 하이에나는 대답했다.

"당신이 물리게 된다면 무슨 일이 일어날까요?"

그러자 뱀이 그를 물려고 했다. 남자가 다시 말했다.

"잠깐 기다려. 우리 다른 현명한 이에게 가보자. 이것이 옳은 일인지 들어봐야겠어."

그들은 가다가 자칼을 만났다. 백인 남자가 자칼에게 말했다.

"내가 뱀을 덮은 돌을 들어 올렸는데도 뱀이 나를 물려하는데, 이것이 옳은 일일까?"

자칼이 대답했다.

"나는 뱀이 돌에 깔려서 움직일 수 없었다는 것을 믿을 수가 없는걸. 내가 이 두 눈으로 직접 보지 않고서는 그것을 믿을 수 없다고. 그러니 그런 일이 있었다고 당신이 말하는 장소로 가보자. 내가 믿을 수 있는지 보게 말이야."

그들은 일이 벌어졌던 장소에 도착했다. 자칼이 말했다.

"뱀아, 가서 누워봐. 그리고 너 스스로 깔려봐."

뱀은 그렇게 했다. 그리고 백인 남자는 돌로 뱀을 덮었다. 뱀이 열심히 버둥거렸지만, 움직일 수가 없었다. 그러자 백인 남자가 뱀을 다시 풀어주려 했다. 하지만 자칼은 그를 가로막고 말했다.

"돌을 들어 올리지 마. 뱀이 당신을 물려하잖아. 그러니 자기 스스로 빠져나오게 하라고."

그리고 둘은 떠났고, 뱀은 돌 밑에 남겨졌다.

세상의 보상
··· 남아프리카공화국/민담

옛날에 한 남자가 늙은 개를 한 마리 가지고 있었다. 그는 너무 늙어버린 개를 데리고 있기를 원하지 않았다. 한창이었을 때, 개는 그 남자를 매우 충실하게 섬겼다. 하지만 세상은 베푼 대로 돌아오지 않는 법이다. 남자는 이제 그 개를 없애버리려 했다. 그러나 늙어서 귀까지 먹은 개는 주인의 계획을 필요 없게 만들었다. 자신이 주인을 떠나는 것으로 문제를 단번에 해결해버린 것이다.

남자를 떠나 길을 가던 늙은 개는 초원에서 황소를 만났다. 개는 황소에게 물었다.

"나랑 함께 가지 않을래?"

"어디로?" 황소가 되물었다.

개가 말했다.

"늙은이들의 나라로 말이야. 너를 괴롭히는 문제도 없고, 감사하는 마음이 인간의 행동으로 더럽혀지지 않는 곳이지."

"좋아, 나는 네 친구다." 황소가 말했다.

이제 둘이 된 그들은 걷다가 숫양과 마주쳤다. 숫양에게 개가 계획을 설명하자, 그도 여정에 참여했다. 계속해서 그들은 당나귀, 고양이, 수탉, 그리고 거위를 만났다. 이들도 그들의 친구가 되었고, 이제 일곱 마리의 동물이 여정을 시작했다.

어느 날, 밤늦게 그들은 어느 집에 도착해서, 열린 문 사이로 온갖 종류의 맛있는 음식이 가득 찬 식탁을 보았다. 그 음식의 양이면 이들의 배를 두둑하게 채울 수 있을 정도였다. 허락을 받는다는 것은 전혀 도움이 안 될 뿐더러, 배가 몹시 고팠었기에 그들은 다른 방법을 생각해야만 했다. 그래서 당나귀가 황소 위로 올라갔다. 당나귀 위에는 개, 그 위에는 고양이, 그리고 고양이 위에 거위, 거위 위로는 수탉이 올라가서는 모두가 한꺼번에 끔찍하게 큰소리를 질렀다. 황소는 맨 밑에서 울부짖었고, 당나귀는 시끄럽게 떠들었고, 개는 짖었고, 숫양은 재잘거렸고, 고양이는 야옹거렸고, 거위는 꽥꽥 댔고, 수탉은 꼬꼬댁거리며 이들은 끊임없이 울었다. 집 안에 있던 사람들은 너무 놀라 두려워했다. 그들은 현관문을 통해 괴상한 광경을 보게 되었다. 일부는 뒷문에 밧줄을 걸었고, 또 다른 이들은 창문으로 도망쳤다. 그리고 얼마 후에 집은 텅 비어버렸다.

그러자 늙은 일곱 마리의 동물들은 차례차례 내려와서 집 안으로 들어가서 맛있는 음식으로 만족스럽게 배를 채웠다. 하지만 그들이 배불리 먹고 난 뒤에도 여전히 엄청난 양의 음식이 남아 있었다. 그들이 남은 여정 동안 먹을 것을 챙겨 놓은 후에도 음식이 남았다. 그래서 그들은 다음 날 아침까지 집에서 머물러 있기로 했다.

개가 말했다.

"들어봐, 나는 주인집 현관문 앞에서 집을 지키는 게 습관이 들었어."

그렇게 말한 후 쓰러져서 잠이 들었다.

"나는 문 뒤로 갈게." 황소가 말했다. 그는 거기에 자리를 잡았다.

"나는 이 층에 올라간다." 숫양이 말했다.

당나귀가 말했다.

"나는 거실 문에 있을게."

"나는 벽난로 앞이 좋아." 고양이가 말했다.

거위도 말했다.

"나는 문 뒤에 있을래."

"나는 침대에 가서 잘래." 수탉이 말했다.

잠시 후에 이 강도들의 우두머리인 개가 자신들이 아직 집에 남아있는지를 보러 온 한 남자의 냄새를 맡았다. 이 남자는 매우 조심스럽게 옆집에 와서 귀를 기울이며 뭔가를 들으려 했지만 아무 소리도 듣지 못했다. 그는 창문을 통해 집안을 엿보다 창살을 통해 희미하게 깜박거리는 두 개의 빛을 보았다. 그리고 현관문을 통해 집으로 들어오기 시작했다. 거기서 늙은 개에게 발을 잡혔다. 그는 집 안으로 뛰어들려 했지만, 이미 준비하고 있던 황소가 뿔로 치받아 이 층으로 던져버렸다. 거기서 숫양이 그를 맞받아쳐서 다시 아래층으로 떨어트렸다. 바닥에 떨어진 그가 거실 문에 이르자 당나귀가 엄청 큰 소리를 지르면서 벽난로 쪽으로 발길질로 차버렸다. 고양이가 그에게 뛰어 올라 온통 할퀴어대자, 그는 뒷문으로 달아났다. 그곳에 있던 거위가 바지를 물어 당겼고, 그가 거위에게서 조금 벗어나자 수탉이 꼬꼬댁거리며 쫓아갔다. 그래서 그 남자는 걸음아 나 살려라 달아났다. 숨이 목에 차도록 헐떡거리면서 그는 동료들에게 돌아왔다.

"무서워, 정말 무서웠어."

처음에 그가 동료들에게 한 말은 이것이 전부였다. 하지만 잠시 뒤에 그는 그들에게 설명했다.

"창문을 통해 보니까 벽난로에 반짝이는 두 개의 불빛이 있더라고. 그래서 좀 더 자세히 보려고 현관문으로 들어가려고 할 때, 내가 쇠로 된 덫을 밟았나 봐. 그래도 집 안으로 뛰어들어갔지. 그랬더니 누군가가 쇠스랑으로 나를 잡아서 이 층으로 던져 버렸는데, 또 그곳에 있던 자가 나를 다시 밑으로 패대기쳤어. 내가 거실 문으로 가려 했는데, 거기서 나팔을 불던 자가 큰 쇠망치로 나를 내려치더군. 너무 아파서 내가 어디로 쓰러졌는지도 모르겠더라고. 재빨리 정신을 차려보니 벽난로 앞이더라고. 그리고는 다른 자가 날아와서 내 눈을 온통 할퀴어버렸어. 그래서 뒷문으로 도망쳐왔어. 마지막 여섯 번째는 불로 된 집게로 다리를 잡혔었나 봐. 도망치고 있을 때 누군가가 집 밖까지 쫓아오면서 소리치더라고.

"잡아라, 저놈 잡으라고."

사자, 자칼 그리고 남자
… 남아프리카공화국/민담

어느 날, 동물들이 사는 땅과 나라에 대해 사자와 자칼이 함께 대화한 적이 있었다. 숲의 왕인 사자에게 자칼은 가장 중요한 조언자였다. 꽤 오랫동안 땅과 나라에 대한 이야기를 나눈 후, 그들은 개인적인 이야기를 나누게 되었다.

사자는 큰소리로 자신의 강함에 대해 자랑하기 시작했다. 아마도 천성적으로 아부꾼인 자칼이 사자가 그렇게 말하는 원인을 제공했을 것이었다. 하지만 사자가 너무 당연하다는 듯이 말하자, 자칼이 말했다.

"그런데 사자님. 저를 따라 오시면, 그래도 당신보다 더 힘센 동물이 있다는 것을 보여 드리겠습니다."

그래서 자칼이 앞장서고 사자는 뒤를 따라 오랫동안 걷다가, 처음으로 어린 소년을 만나게 되었다.

사자가 물었다.

"이 아이가 강한 사람인가?"

"아닙니다, 왕이시여. 그는 좀 더 커야 남자가 될 수 있습니다." 자칼이 대답했다.

잠시 후, 둘은 지팡이로 몸을 지탱한 채 고개를 숙여 걸어가는 노인을 만났다.

"이 사람이 그토록 강한 사람인가?"

"아직 아닙니다. 왕이시여. 그는 예전에 그랬었습니다." 자칼은 대답했다.

　조금 더 걸어가다가, 그들은 사냥개를 끌고 가는 혈기 왕성한 젊은 사냥꾼을 발견했다.

　"왕이시여, 저 사람이 그 강한 사람입니다." 자칼이 말했다.

　"그와 싸우십시오. 당신이 이긴다면, 그때는 당신이 진정으로 이 땅에서 가장 강한 자가 됩니다."

　그리고는 자칼은 사자와 사냥꾼이 싸우는 모습을 볼 수 있는 작은 바위 위로 올라가 버렸다.

　사자는 으르렁거리면서 사냥꾼을 향하여 달려갔다. 사자가 덤벼들자, 사냥개들이 그를 에워쌌다. 하지만 사자는 앞발을 가벼운 동작으로 휘둘러 사냥개들을 한쪽으로 밀어버렸다. 사냥개들은 큰 소리로 짖어대면서 재빠르게 사냥꾼 쪽으로 물러났다. 그러자 남자는 총을 쏴서 사자에게 상처를 입혔다. 그래도 사자는 개의치 않고 달려들었다. 사냥꾼은 쇠로 만든 칼을 꺼내 휘둘러 사자를 공격했다. 힘에 부쳐 사자가 물러나자, 총알이 그 뒤를 따랐다.

　"그래, 지금도 당신이 가장 강합니까?"

　사자가 옆으로 왔을 때 자칼이 던진 첫 질문이었다.

　"아니네. 자칼." 사자가 대답했다.

　"저 친구가 가장 강하다네. 이토록이나 강한 자를 나는 결코 못 보았어. 먼저 그는 열 마리나 되는 사냥개들로 나를 습격했어. 개들이야 나를 어쩔 수 없었지. 하지만 내가 그를 공격하려 할 때, 내 얼굴을 향해 총을 쏴댔지. 그래서 얼굴에 약간 상처를 입었어.

그래도 내가 그를 땅에 엎어뜨리려 다시 공격했을 때, 그가 갑작스레 몸을 돌려 칼을 휘두르는 바람에 상처를 제법 많이 입고 말았어. 게다가 그는 이별의 선물인 양 뜨거운 총알을 나에게 퍼부었다네. 자칼, 내가 아니야. 그에게 가장 강한 자라는 명칭을 붙여 주게나."

자신이 엄마보다 현명하다고 생각한 사자

··· 남아프리카공화국/민담

'아록쌈스' 지역에 천둥과 번개, 그리고 비가 생긴 것은 사자와 '구리코이십'(유일한 남자), 개코원숭이, 물소 그리고 다른 친구들이 함께 어떤 게임을 하고 있을 때라고 전해진다. 어느 날, 사자와 구리코이십이 싸움을 시작했다.

사자가 말했다.

"나는 비 오는 곳으로 달려갈 거야."

"나도 비 오는 곳으로 달려갈 거다." 구리코이십도 따라서 말했다.

이렇게 똑같은 말을 계속해서 하듯이 서로가 하나라도 양보하지 않았기 때문에 그들은 화가 나서 헤어졌다. 그들이 헤어지고 난 후, 사자는 자기 엄마에게 둘이 했던 말을 전해주러 갔다.

사자의 엄마는 그에게 말했다.

"얘야, 어깨와 가슴 위로 머리가 달린 남자, 무기를 쥐고 하얀 개들을 데리고 다니며 호랑이 꼬리털로 만든 옷을 입은 남자를 조심해야 한다."

"왜 내가 아는 사람들까지도 조심해야 하나요?" 그러나 사자가 말했다.

엄마 사자가 대답해주었다.

"얘야, 무기를 쥐고 있는 사람은 위험하단다."

하지만 사자는 엄마의 충고를 귀담아듣지 않았다. 아직 어둠이

걷히지 않았던 그날 아침, 그는 아록쌈스에 가서 누운 채로 숨어 있었다.

구리코이십 또한 그날 아침에 같은 장소에 갔다. 그곳에 도착해서 그는 개들이 물을 마시고 물에서 뛰어놀게 놔두었다. 다 놀고 난 후에 개들은 짖어댔다. 그러자 남자도 물을 마셨다. 그리고 물을 다 마셨을 때, 사자가 수풀에서 나왔다. 엄마 사자가 예언했듯이 개들이 사자를 에워쌌고 그는 구리코이십의 창에 찔렸다. 믿을 수 없게도 그는 창에 찔린 것이다. 개들이 사자를 다시 끌어당겼다. 이렇게 되자 사자는 힘을 잃었다. 그러자 구리코이십이 개들에게 말했다.

"이제 사자를 놓아줘. 엄마 사자에게 가서 가르침을 받아올 수 있게 말이야."

개들은 사자를 풀어주었다. 자신을 놔두고 구리코이십과 개들이 집으로 돌아간 뒤에도, 사자는 그곳에 오랫동안 누워있었다. 그날 밤, 그는 집으로 돌아가다가 자신의 무력함에 슬피 울었다.

"엄마, 나를 데려가 줘요.

할머니, 나를 데려가 주세요. 아! 제발요."

그날 새벽, 아들의 고통에 찬 흐느낌을 들은 엄마 사자는 이렇게 말했다.

"얘야, 그러기에 내가 너에게 말했지 않았니.

무기를 쥐고 있는 사람을 조심하라고.

호랑이 꼬리털로 옷을 해 입고,

하얀 개들을 데리고 있는 그 사람을!

아아! 애야, 너는 귀담아듣지 않았지,
내 말을 듣지 않은 아들아!
설익은 고기를 먹으려는 성급한 아들아,
식탐 많은 애야,
먹이를 탐내다 코가 빨개진 아들아,
피로 젖은 코를 가진 애야,
구덩이의 물을 마시는 아들아,
물 마시는 아들아!"

자칼과 늑대

··· 남아프리카공화국/민담

옛날에, 사람들 사는 곳 근처에 자칼이 살고 있었다. 어느 날, 바닷가에서 물고기를 가득 담아 돌아오는 마차를 본 자칼은 마차 뒤에 올라타려 했지만 할 수 없었다. 그러자 그는 힘껏 마차 앞으로 달려가서, 죽은 것처럼 길 위에 누웠다. 마차는 자칼에게 가까이 왔고 책임자가 마차 몰이꾼에게 소리쳤다.

"저기에 가죽 깔개가 있군, 자네 마누라에게 주면 좋아하겠어."

"마차에 던져 넣게나." 마차 몰이꾼이 말했다.

그래서 자칼은 마차에 실려졌다.

마차는 밤새 계속 길을 갔고, 그동안 자칼은 물고기를 길로 던졌다. 그런 후에 그는 마차에서 뛰어내려 푸짐한 전리품을 챙기게 되었다. 하지만 지나가던 멍청한 늙은 늑대에게 절반도 넘는 물고기를 빼앗기고 말았다. 늑대에게 앙심을 품은 자칼은 이렇게 말했다.

"내가 그랬던 것처럼 너도 마차가 가는 길에 누워 있으면, 엄청난 양의 물고기를 얻을 수 있어. 그런데, 무슨 일이 일어나도 움직이지 말아야 해."

"알았어." 늑대는 중얼거렸다.

자칼이 알려준 것처럼 바다 쪽에서 다음 번 마차가 왔을 때, 늑대는 몸을 쭉 뻗고 길에 누웠다.

"이 꼴사나운 건 뭐야?"

마차의 책임자가 소리쳤다. 그리고 늑대를 발로 차버렸다. 그런 후에 막대기를 들고 자근자근 두들겨 팼다. 자칼이 말한 대로 늑대는 꼼짝 않고 버텼다. 그런 후, 늑대는 힘들게 일어나서 자칼에게 자신이 겪은 불행을 전해줬다. 자칼은 그를 위로하는 척했다.

"아쉽지만 어쩌겠어. 내 가죽은 네 것만큼 멋있지가 않잖아." 늑대가 말했다.

코끼리와 거북이

··· 남아프리카공화국/민담

강력한 두 존재, 코끼리와 비가 논쟁을 벌였다. 코끼리가 말했다.
"네가 나를 키웠다고? 어떤 방법으로 네가 그렇게 한 건데?"
"내가 너를 키운 것이 아니라고 말한다면, 만일 내가 내리지 않으면 너는 죽지 않을 수 있을까?" 비가 대답했다.
그리고 비는 그곳을 떠났다.
코끼리가 말했다.
"독수리야! 나를 위해 비를 내리게 할 제비뽑기를 하자."
"나는 제비뽑기 안 할래." 독수리가 말했다.
그러자 코끼리가 까마귀에게 말했다.
"제비뽑기하자."
"제비뽑기를 할 수 있는 걸 줘야지." 까마귀가 대답했다.
까마귀가 제비뽑기하자 비가 내렸다. 비는 호수에 내렸지만 곧 말라 버렸다. 단지 하나의 호수에만 물이 남아있었다.
코끼리는 사냥을 갔다. 그렇지만 거북이에게 물을 지키게 했다.
코끼리가 말했다.
"거북아, 넌 물을 지키고 있어."
그래서 거북이는 남았고 코끼리는 사냥을 떠났다.
기린이 와서 거북이에게 말했다.
"물을 다오."
"물은 코끼리 것이야." 거북이가 대답했다.

얼룩말이 와서 거북이에게 말했다.

"물 좀 줘."

"물은 코끼리 것이야." 거북이가 대답했다.

젬스복(큰 영양)이 와서 거북이에게 말했다.

"물 좀 마실 수 있을까?"

"물은 코끼리 것이야." 거북이가 대답했다.

소가 와서 말했다.

"물 좀 줄래?"

"물은 코끼리 것이야." 거북이가 대답했다.

영양이 와서 거북이에게 말했다.

"물 좀 줘."

"물은 코끼리 것이야." 거북이가 대답했다.

가젤이 와서 거북이게 말했다.

"물을 마시고 싶은데?"

"물은 코끼리 것이야." 거북이가 대답했다.

자칼이 와서 거북이에게 말했다.

"물 좀 마시자?"

"물은 코끼리 것이야." 거북이가 대답했다.

사자가 와서 말했다.

"작은 거북이야, 물 좀 다오."

작은 거북이가 뭐라 말하려고 할 때, 사자는 거북이를 잡아서 때렸다. 사자는 물을 마셨고, 이후에 모든 동물이 물을 마셨다.

코끼리가 사냥에서 돌아와서 말했다.

"작은 거북아, 물이 있니."

"동물들이 물을 마셔버렸어." 거북이는 대답했다.

코끼리가 물었다.

"작은 거북아, 내가 널 씹어버릴까 아니면 삼켜버릴까."

"씹지 말고 삼켜 버려줘, 제발." 작은 거북이가 말했다.

코끼리는 거북이를 통째로 삼켜버렸다.

코끼리가 작은 거북이를 삼켜버리고 난 후, 거북이는 코끼리 몸속에서 간, 심장, 신장을 찢어 버렸다. 코끼리는 비명을 질렀다.

"작은 거북아, 네가 나를 죽이는구나."

그래서 코끼리는 죽었다. 하지만 작은 거북이는 죽은 코끼리의 몸에서 나와 자신이 좋아하는 곳으로 갔다.

자칼과 원숭이

··· 남아프리카공화국/민담

자칼은 매일 저녁 보어(아프리카나)인의 가축우리에 가서 미닫이문을 열고 통통한 어린 양을 훔쳐왔다. 이 영리한 자칼은 몇 번이나 사냥에 성공했다. 주인은 침입자를 잡기 위해 문 앞에 올가미를 설치했다. 이후 우리에 들어가려던 자칼은 올가미 몸이 걸려 잡히고 말았다. 그는 땅에 닿지 못한 채 허공에 매달려 흔들거렸다. 새벽이 다가오자 자칼은 불안해졌다.

가축우리 근처에 있는 언덕에 원숭이가 앉아 있었다. 날이 밝아오자 원숭이는 자칼의 상황을 볼 수 있었다. 그는 자칼을 놀리려고 서둘러 언덕에서 내려와 벽에 올라앉아 말했다.

"하하하. 안녕하세요. 어쩌다 그렇게 매달려 잡혀 있게 되었나요?"

"뭐라고? 내가 잡혔다고? 나는 좋아서 이렇게 흔들며 있는 거야. 재미있다고." 자칼이 대답했다.

"거짓말하지 마세요. 올가미에 걸려 있잖아요?"

"이렇게 매달려 흔들리는 것이 얼마나 좋은지 네가 알게 된다면, 해보고 싶을걸. 이리 와. 조금 해봐. 하루를 얼마나 건강하고 기운차게 보낼 수 있는지 알아? 피곤함을 못 느낀다니까."

"아니요. 괜찮아요. 당신은 잡혀 있는 거잖아요."

얼마 후, 자칼은 원숭이를 설득시켰다. 원숭이는 가축우리의 벽에서 뛰어 내려와 자칼을 풀어주고는, 올가미를 두르고 자신의 몸 크기에 맞춰 조절하였다. 자칼은 재빨리 빠져나와 원숭이가 공중에서 흔들리는 것을 보고는 웃기 시작했다.

"하하하, 이제 원숭이가 올가미에 걸렸구나."

"자칼, 나를 풀어줘요." 원숭이가 소리쳤다.

"저기 주인이 오고 있어." 자칼이 외쳤다.

"자칼, 여기서 풀어줘요. 안 그러면 이걸 망가트릴 거예요."

"아니, 주인이 총을 들고 오고 있어. 올가미에서 잠시 쉬고 있어라."

"자칼, 빨리 나를 풀어주세요."

"싫어, 주인이 벌써 왔네. 총을 들고 있다고. 좋은 아침이 되길 바랄게."

자칼은 헤어짐의 인사말을 남기고는 총알 같이 도망쳤다. 주인은 다가와서 올가미에 걸린 원숭이를 발견했다.

"이런, 원숭이로군. 너 잘 걸렸다. 네 놈이 내 어린 양들을 훔쳐갔지. 그렇지?"

"아니에요, 주인 어르신. 아니라고요."

원숭이는 고함쳤다.

"내가 아니라 자칼이 그랬어요."

"아니지. 내가 너를 알지. 네 놈은 결코 좋은 놈이 아니야."

"아니라고요. 주인 어르신. 아니에요. 자칼이 그랬다니까요."

원숭이는 더듬거리며 말했다.

"그렇지, 내가 너를 안다니까. 잠깐 기다려라.

그리고는 주인은 총을 들어 불쌍한 원숭이를 겨냥해서 쐈다. 결국, 원숭이는 죽고 말았다.

자칼의 신부

··· 남아프리카공화국/민담

    옛날에 자칼이 하이에나와 결혼했다. 결혼식을 위해 자칼은 개미들이 소유한 소를 잡아 죽였다. 자칼은 잡은 암소의 가죽으로 신부를 꾸몄다. 그리고 고기를 매달아 두드릴 기둥을 세우고는, 그 기둥 꼭대기 갈라진 부분에 요리용 난로를 올려놓았다. 모든 종류의 맛있는 음식을 요리할 때 쓰기 위한 난로였다.

    그곳에 사자도 왔는데, 사자는 그 위에 올라가기를 원했다. 그래서 자칼은 어린 딸에게 사자를 끌어 올릴 수 있도록 가죽 끈을 가져오라 했다. 자칼은 끈을 이용해 사자를 잡아당기다 그의 얼굴이 요리 냄비 가까이 오자 끈을 잘라버렸고, 사자는 밑으로 떨어져 버렸다. 그러자 자칼은 어린 딸을 꾸짖으며 이렇게 말했다.

    "어째서 이렇게 낡은 끈을 가져 왔느냐, 새 끈을 가져오너라."

    딸은 아버지에게 새로운 가죽 끈을 주었고, 자칼은 다시 사자를 끌어당겼다. 그리고 불 위에 올려 둔 냄비 가까이 사자의 얼굴이 이르자 말했다.

    "입을 벌려봐요."

    그리고는 기름이 둘려서 뜨겁게 달구어진 돌 조각을 사자의 입에 집어넣었다. 뜨거운 돌에 목구멍이 온통 덴 사자는 죽고 말았다.

    개미들이 소를 쫓아왔다. 개미들이 몰려온 것을 본 자칼은 도망쳤다. 그러자 개미들은 가죽 옷으로 치장한 신부를 때렸다. 자칼이 때리는 것으로 생각한 하이에나가 말했다.

"이 황갈색 멍청이야! 아직도 충분히 때렸다고 생각지 않냐? 이렇게 때리는 거보다 더 좋은 게 없는 거냐고?"

하지만 암소 가죽옷을 물어뜯어 구멍을 내자, 하이에나는 자신을 때린 이가 다른 자들이었음을 알았다. 하이에나는 비틀거리며 겨우 도망쳤다.

토끼 이야기

··· 남아프리카공화국/민담

옛날에 동물들이 움막을 만들어서, 그 속에 식량을 보관했었다. 그들은 자신들 중 하나가 남아 입구를 지키는 것에 동의했다. 첫 번째 지킴이로 정해진 이는 임빌라2)였다. 그가 책임을 지기로 하고 나머지 동물들은 떠나갔다. 시간이 조금 지나자 임빌라는 잠이 들었고, 그때 '잉카리메바'3)가 와서 보관된 식량을 다 먹어버렸다. 그러고 나서 그는 임빌라에게 작은 돌을 던졌다. 임빌라가 잠에서 깨어 소리쳤다.

"잉카리메바가 우리 식량을 다 먹어버렸다."

이런 말을 큰 소리로 몇 번이나 반복했다. 멀리 있는 동물들이 그 소리를 듣고 움막으로 달려왔다. 그리고 식량이 없어진 것을 보고는 임빌라를 죽였다.

동물들은 움막에다 다시 식량을 저장하고는, 몽구스를 시켜 입구를 지키게 했다. 몽구스는 동의했고 동물들은 이전처럼 떠나갔다. 시간이 얼마 지나자, 약간의 꿀을 가지고 잉카리메바가 움막으로 왔다. 그는 입구를 지키는 몽구스에게 꿀을 먹으라고 건네주었다. 몽구스가 꿀을 먹는 사이에 그는 움막에 들어가서 식량을 다 가져갔다. 잉카리메바는 돌을 던져 몽구스의 정신을 차리게 했다. 몽구스는 소리쳤다.

---

2) 토끼의 일종으로 바위가 많은 지역에서 서식한다. rock rabbit. - 옮긴 이.
3) 우화 속의 동물 - 옮긴 이.

"잉카리메바가 우리 식량을 다 먹어버렸다."

동물들은 이 외침을 듣자마자 움막으로 달려와서 몽구스를 죽여 버렸다.

그들은 세 번째로 움막에 식량을 저장하고는 다이커 영양을 문지기로 지정했다. 다이커 영양은 동의했고 동물들은 떠나갔다. 잠시 후, 잉카리메바가 나타났다. 그는 다이커 영양에게 숨바꼭질을 하자고 제안했다. 다이커 영양은 이 제안을 받아들였다. 그러자 잉카리메바가 숨고, 다이커 영양이 그를 찾게 되었다. 그를 찾다가 지친 다이커 영양은 잠시 누워 있다가 잠이 들어버렸다. 그가 잠에 빠지자 잉카리메바는 식량을 다 먹어 버렸다. 그리고 돌을 던져 다이커 영양을 깨웠다. 영양은 껑충 뛰어올라 소리쳤다.

"잉카리메바가 우리 식량을 다 먹어버렸다."

동물들은 이 외침을 듣자 움막으로 달려와서는 다이커 영양을 죽여 버렸다.

그들은 네 번째로 움막에 식량을 보관하였고, 파란 영양을 문지기로 임명했다. 동물들이 떠나가자, 잉카리메바가 이전처럼 또 나타났다. 그는 파란 영양에게 말했다.

"너 혼자서 뭐하니?"

"우리 식량을 지키고 있어." 파란 영양이 대답했다.

잉카리메바가 말했다.

"내가 친구가 되어 줄게. 이리 와. 우리 머리를 서로 긁어주자."

파란 영양은 고개를 끄덕였다. 잉카리메바는 앉아서 파란 영양이 잠에 빠질 때까지 머리를 긁어주었다. 그리고 일어나서 식량을 먹었다. 다 먹고 나서는 그는 돌을 던져 파란 영양을 깨웠다. 파란 영양은 무슨 일이 벌어졌는지를 보고는 소리쳤다.

"잉카리메바가 우리 식량을 다 먹어버렸다."

그러자 동물들이 뛰어와서 파란 영양도 죽여 버렸다.

그들은 다섯 번째로 움막에 식량을 놔두고 호저[4]를 문지기로 임명했다. 동물들이 떠나가자 잉카리메바가 다시 나타났다. 그는 호저에게 말했다.

"달리기 경주 한번 해볼래?"

그는 호저가 경주에서 이기게 했다. 그리고는 다시 말했다.

"나는 네가 그렇게 빨리 달릴 거라고는 생각하지 못했어. 다시 한 번 해볼까?"

그들은 다시 경주했고, 호저가 두 번째로 이기게 되었다. 호저가 지칠 때까지 달리기 경주를 시키고서는 잉카리메바가 말했다.

"이제 좀 쉬자."

앉아서 쉬던 호저는 잠이 들어 버렸다. 그러자 잉카리메바는 일어나서 식량을 다 먹었다. 다 먹고 난 그는 돌을 던져 호저를 깨웠다. 잠에서 깬 호저는 큰소리로 외쳤다.

"잉카리메바가 우리 식량을 다먹어버렸다."

그러자 동물들이 달려와 호저를 죽여 버렸다.

그들은 여섯 번째로 움막에 식량을 넣고는 문지기로 토끼를 지목했다. 처음에 토끼는 동의하지 않았다. 그는 이렇게 말했다.

---

[4] 아프리카포큐파인이라 부르기도 하는 야행성의 설치류. 몸과 꼬리의 윗면은 가시처럼 변화된 가시털로 덮여 있으며, 몸길이 70-90cm, 꼬리길이 7.5-10cm 정도이다. - 옮긴 이.

"임빌라가 죽고 몽구스도 죽었어. 다이커 영양, 파란 영양, 그리고 호저도 죽었잖아. 너희는 나도 죽일 거잖아."

동물들은 이번에는 그를 죽이지 않을 거라고 약속했다. 이렇게 서로 설득한 이후 마침내 토끼는 움막을 지키기로 동의했다. 동물들이 가버리자, 그는 누워서 잠든 척했다. 잠시 후, 잉카리베가 와서 식량을 가져가려 할 때, 토끼가 소리쳤다.

"식량을 놔둬."

잉카리메바가 말했다.

"내가 조금만 가져가게 해줄래?"

토끼가 그를 비웃으며 흉내 냈다.

"내가 조금만 가져가게 못 해줘."

그다음에 그들은 친구가 되었다. 토끼가 서로의 꼬리를 단단히 묶자고 제안하자, 잉카리메바가 동의했다. 잉카리메바는 먼저 토끼의 꼬리를 묶었다.

토끼가 말했다.

"내 꼬리를 너무 단단히 묶지 마."

다음으로 토끼가 잉카리메바의 꼬리를 묶었다.

잉카리메바가 말했다.

"내 꼬리를 너무 단단히 묶지 마."

하지만 토끼는 대답하지 않았다. 잉카리메바의 꼬리를 꽉 묶은 후에 토끼는 막대기를 가져와서 그를 때려죽였다. 토끼는 잉카리메바의 꼬리를 가져다가 작은 조각을 울타리에 숨겨놓고는 나머지를 다 먹었다.

그리고 그는 소리쳤다.

"잉카리메바가 우리 식량을 다먹어버렸다."

동물들이 달려와서 잉카리메바가 죽어 있는 것을 보고는 너무 기뻐했다. 그들은 꼬리를 우두머리가 보관해야 하니 꼬리가 어디 있느냐고 토끼에게 물어보았다.

토끼가 대답했다.

"내가 죽인 잉카리메바는 꼬리가 없던데."

"어떻게 꼬리가 없는 잉카리메바가 있지?" 그들이 말했다

그들은 수색을 시작했고, 얼마 지나지 않아 울타리에서 꼬리 조각을 발견했다. 그들은 우두머리에게 토끼가 꼬리를 먹었다고 말했다. 우두머리는 말했다.

"토끼를 데려와라."

모든 동물이 토끼를 잡으려 했지만, 도망쳐서 잡을 수가 없었다. 토끼는 동물들이 만들어 놓은 올가미가 놓인 구멍으로 달아났다. 그는 며칠 동안 그 속에 빠져 있었지만, 잡히지 않고 도망쳤다.

토끼는 오두막을 만들고 있는 부시벅[5]을 발견하고는 그리로 다가갔다. 고기가 담긴 냄비가 불 위에 놓여 있었다. 그는 부시벅에게 말했다.

"조금 얻어먹을 수 있을까?"

---

5) 〈동물〉 솟과의 하나. 영양의 한 종으로 몸의 높이는 1.2미터 정도이며, 몸 색깔은 수컷은 짙은 갈색이나 검정이지만 암컷은 지역에 따라 다르다. 비틀린 뿔이 있다. 야행성으로 조심성이 매우 많고 삼림, 풀숲에서 사는데 아프리카 중부와 그 이남에 분포한다.

"먹으면 안 돼." 부시벅이 대답했다.

하지만 토끼는 냄비의 고기를 다 먹었다. 이후 그가 독특하게 휘파람을 불자 우박 폭풍이 불어 닥쳤고, 부시벅은 우박에 맞아 죽었다. 그러자 토끼는 부시벅의 가죽을 벗겨 겉옷을 만들어 입었다.

그런 뒤에, 토끼는 싸울 때 사용할 무기를 구하기 위해서 숲으로 들어갔다. 그가 나무를 자르고 있을 때, 원숭이들이 그에게 나뭇잎을 던졌다. 토끼는 원숭이들에게 내려와서 자기를 때리라고 불렀다. 그러나 원숭이들이 나무에서 내려오자, 토끼는 무기를 가지고 원숭이들을 모두 죽여 버렸다.

사자의 날개와 사자의 뼈
… 남아프리카공화국/민담

  이 시대의 사자가 으르렁대고 뭔가를 먹으면서 어슬렁거리는 동물일 뿐이라고 생각한다면, 옛날 사자가 어떤 동물이었는지를 알 필요가 있다. 그 당시에 사자는 덩치가 컸고 포악스러웠고, 모든 동물을 위협하는 포식자였다. 게다가 사자는 날개까지 가지고 있었다. 작은 날개가 아니라 타조의 날개와 같은 크기였다. 그런데 사자의 큰 날개는 다른 새들과 달리 깃털이 없었다. 그것은 뼈와 털, 그리고 살갗으로 이루어져 마치 엄청 큰 박쥐의 날개처럼 몸통에서 뻗어 나와 있었다.
  사자가 사냥을 위해 날아오를 때면, 그 어디에도 안전한 장소는 없었다. 사자는 바람을 타고 하늘로 날아올라 자신의 사냥터를 굽어보았다. 그 높은 곳에서 얼룩말을 발견하게 되면 사자는 날개를 접고 빠르게 하강하였다. 마치 엄청 무거운 바위가 떨어지듯 내려와 땅에 내려앉으면 얼룩말의 생명은 그걸로 끝이다. 임팔라도 뛰어 도망갈 수 없었고, 가젤도 달아날 수 없었다. 사자의 그림자가 햇빛을 가리면, 코끼리조차 발걸음을 멈추고 불안하게 주변을 살펴볼 정도였다.
  사자는 누군가가 와서 그가 죽인 모든 동물의 뼈를 부러트리는 것에 대해 엄청나게 두려워했다. 사자가 그런 것을 왜 두려워하는지 아무도 몰랐지만, 생각해 보니 '예지의 고양이'가 사자를 그렇게 만들었을 것으로 추측된다. 잡은 사냥감을 다 먹으면 사자는 모든 뼈를 모아두곤 했다. 한 개의 뼛조각도 흘리지 않기 위해 사자는 자신이 엉망으로 만들어 놓은 풀밭을 앞발로 긁어서 확인하였다. 그리고 난 후, 매우 조심스럽게 입에 물고 날아서 자신의 집으로 옮겨 놓았다.

　사자의 집, 그곳은 소름 끼치는 흔적들이 가득 찬 끔찍한 장소였다. 그곳에는 크고 작은 뼛조각들, 오래된 뼈와 최근의 뼈들, 두개골과 대퇴골, 척추 뼈들이 이곳저곳에 널려 있었다. 미쳤거나 아니면 용감한 사람일지라도 그런 공간에 머리를 디밀고 볼 수는 없을 것이다. 그들이 비록 뼈를 무서워하지 않는다 해도, 사자가 돌아올 것을 알면서도 그곳에 가보기를 원하는 사람이 있을까? 물론 사자는 그 어떤 침입도 허용하지 않았다. 자신의 집을 지키는 한 쌍의 까마귀를 놔두었기 때문이다. 그것도 평범한 까마귀가 아니라 순수혈통의 하얀색 까마귀였다. 알을 깨고 나온 하얀 까마귀들은 모두 사자를 위해 일하도록 그에게 보내지곤 했다. 물론 사자가 그것을 원했고, 이런 이유로 사자는 하얀색 새끼를 감추려는 까마귀들에 대해 동정심을 품기도 했다.

　세상의 모든 까마귀 가운데 오직 사자의 하얀 까마귀만이 사자에게 말할 수 있었다. 사자는 까마귀들을 무리 짓게 하고 그들에게 먹이를 주어 강하게 만들었다. 감시용 까마귀 중 한 마리가 죽으면 무리 중에 가장 노련한 까마귀가 그 자리를 대신했다. 가장 노련한 까마귀조차도 사자의 뼈에 관한 진실을 알지 못했다. 사자가 날개를 사용할 수 있도록 하는 마법이 그 뼈들에 의해 유지된다는 진실을 말이다. 뼈들이 안전하고 온전히 보존되는 한, 사자는 하늘을 날 수 있었다. 하지만 그러한 시스템과 감시에도 불구하고 사자는 항상 두려움을 품고 있었다.

　사자가 자신의 두려움에 맞설 수 있었다면, 황소개구리의 얼굴을 보지 않았어도 되었을 것이다. 이빨이 없는 입, 어린아이 눈을 가진 원숭이, 손에 갈퀴조차 없는 황소개구리 등이 있을 수 있겠는가! 아니, 황소개구리에게는 혀라도 있지 않은가! 황소개구리는 그 혀를 가지고 파리만을 잡는 것이 아니라 다른 용도로도 쓰지 않는가 말이다.

　어느 날, 사자가 사냥하던 중에 황소개구리 한 마리가 사자의 집 통로로 뛰어나왔다. 황소개구리가 말했다.

　"이봐. 까마귀들, 여기서 매일같이 뭐 하고 있니?"

　"사자의 뼈들을 지키고 있지. 네 갈 길이나 가지, 그래." 까마귀들이 대답했다.

　"그래? 뼈들을 감시한다고?" 황소개구리가 다시 말했다.

　"그것들이 재미있는 일이라도 하나 보지?"

　"아니, 그냥 움직이지 않고 가만히 있어." 까마귀들이 대답했다.

　"그것 참 재미있군." 황소개구리가 말했다.

　"너희들은 앉아서 감시하고 그것들은 단지 앉아있단 말이지. 날아다니는 파리 말고는 하얀 뼈들이나 너희 하얀 까마귀, 모두 움직이지 않으니 뭐가 뭔지 어떻게 구분할 수 있겠어."

　"네 갈 길이나 가라니까."

　하지만 황소개구리가 대답했다.

　"난 좀 말해야겠어. 너희가 날개를 펼치고 날아오르기를 원한다면, 내가 몇 분 정도는 이 뼈들을 지켜줄게. 앉아있는 것이야말로 개구리가 잘하는 일이거든. 파리들까지도 내가 없애줄게."

까마귀들은 하늘을 쳐다보았다. 마침 사자는 근처에 없었다. 까마귀들은 서로에게 말했다.

"지금이 기회네. 황소개구리의 말이 맞아. 이렇게 종일 앉아 있다가는 우리도 뼈처럼 변해버릴 거 같아."

그리고는 그들은 하늘로 날아올라서 온몸을 뒤집으며 회전하듯이 빠르게 날아다녔다. 까마귀들이 떠나자마자, 황소개구리는 재빨리 움직였다. 한 걸음, 두 걸음, 세 걸음 걷더니 후다닥 뛰어갔다. 까마귀들은 구름 속으로 올라갔지만, 아래에서는 뼈들이 부서지고 있었다. 아드득! 두개골이 부서졌다. 다리뼈들과 작은 손가락뼈들도 오독오독 깨물려 사라졌다. 황소개구리가 놓친 것이라곤 흑멧돼지의 발에 붙어있는 아주 작은 뼛조각 정도였다. 그 뼈들은 사자가 구석진 곳에 파묻어 두었기에 황소개구리가 마지막까지 볼 수 없었다.

까마귀들이 내려와 개구리가 한 것을 보았을 때, 그들은 황소개구리를 쫓아 최대한 빠르게 날아갔다.

"사자가 우리의 머리까지 씹어 먹을 거야."

그들은 비명을 질렀다.

"우리 뼈를 집에다 새롭게 늘어놓을걸."

그들은 황소개구리를 쪼아대려고 날아 내렸지만, 개구리는 엄청나게 뛰어올라 물로 뛰어들었다. 불쌍한 까마귀들은 진흙 구덩이로 대차게 부딪치고 말았다. 황소개구리는 까마귀들에게 말했다.

"누가 뼈들을 망가트렸는지 사자가 알기를 원한다면, 여기 물가 언덕에 와서 나를 찾으라고 해."

그리고는 안전한 물속으로 들어가며 스스로 말했다.

"알과 올챙이 새끼들을 펼쳐놔야지. 그러면 사자가 뭘 하는지를 보게 되겠지!"

이런 일이 벌어지는 동안, 사자는 바위 위, 높은 곳에 날개를 접고 앉아 있었다. 그는 멀지 않은 곳에서 한 무리의 짐승들이 돌아다니는 것을 관찰하고 있었다.

"소 떼로군."

사자는 중얼거렸다.

"가젤? 영양도 괜찮고, 얼룩말도 좋지. 누야말로 먹이로 좋지. 통통하고 부드럽거든."

사자는 기린 같은 것을 특히 좋아하지 않았다. 그가 알고 있는 표범이야 어린 기린을 맛있다며 이렇게 말했었다.

"먹어보게 되면 맛을 알게 될 걸, 사자야. 너도 어린 기린을 좋아하게 될 걸, 맛이 닭하고 똑같다니까."

사자는 바위 위에 앉아서 생각해보았다.

"닭 맛이라. 내가 닭을 좋아하나? 생각이 안 나네. 소나 한 마리 사냥해야겠다. 아니, 얼룩말을 잡을까, 가젤을 잡을까?"

사자는 이렇게 저녁 식사 거리를 생각하면서 시간을 보내고 있었다. 그리고 사냥을 하기 위해 날개를 펼쳤을 때, 사자는 날아오르기가 너무 힘들다는 것을 알았다. 마치 말라버린 수도꼭지에서 물이 흐를 수 없듯이, 그는 무거운 날개를 질질 끌어야만 했다.

무거운 날개가 땅으로 떨어지는 것을 지탱하는 것조차 힘들었다. 갑자기 사자는 집에 보관했던 뼈들을 떠올렸다. 그는 숲 전체가 흔들릴 엄청난 소리로 으르렁거렸다. 주변의 짐승들이 모두 도망쳤다. 꼬리의 끝에서 코까지 온몸으로 울부짖었지만, 별 소용이 없었다. 황소개구리가 보관 중인 뼈를 죄다 부러뜨려서 이제 마법 주문의 효력이 사라진 것이다. 사자는 힘들게 바위 위에서 기어 내려왔다. 그리고 집까지 그 먼 거리를 걸어서 돌아갔다.

돌아가는 길 내내 사자는 미칠 듯이 화를 냈다. 그리고 무엇이 집에 앉아 있던 멍청한 까마귀들의 감시를 피해갔는지를 추측했다. 더 이상 하늘로 날아다닐 수 없다니. 그 까마귀들의 깃털을 다 뽑아 울고 또 울게 만들어 버릴 테다. 중얼거리며 사자는 집에 도착했다. 까마귀들은 하늘을 올려다보고 있었다. 그들은 사자가 하늘에서 곧장 자신들의 머리로 내려올 줄 알았다. 혀를 내놓고 길을 따라 걸어오는 사자를 보았을 때, 까마귀들은 겁을 내기보다 놀라움이 앞섰다. 까마귀들이 말했다.

"황소개구리가 뼈들을 부러트렸어요. 그놈이 물가 언덕으로 와서 자기를 사냥하래요."

한마디 대답도 하지 않은 채 사자는 까마귀들의 머리를 물어뜯으려 달려들었다. 생각할 틈조차 없이 까마귀들은 날아올랐다. 사자가 날지 못하는 것을 보자 그들은 완전히 마음을 놓고 바보처럼 웃었다.

"살았다. 사자는 우릴 잡을 수 없어. 이젠 우린 마음껏 살 수 있어."

까마귀들은 꽥꽥 울다가 숨이 막힐 듯이 웃으며 앞으로 뒤로 마구 날아다녔다.

"마음대로 살 수 있다고. 알겠어?"

사자는 미친 것처럼 큰 소리로 으르렁댔다.

"까마귀들을 믿었던 대가가 이것이냐! 너희를 먹여주고 길러주었는데. 감사하는 마음도 없단 말이냐?"

하지만 까마귀들은 사자를 보고 비웃기만 했다.

"까악, 까악, 까악!"

사자가 말했다

"내가 무엇을 하는지 보여주마."

그는 황소개구리가 놓친 뼈 하나를 파냈다. 흑멧돼지의 발에서 나온 이 작은 뼈는 하얀 까마귀들과 대화할 수 있게 하는 주문을 지닌 것이었다. 사자는 그 뼈를 입에 물었다. 하지만 까마귀들은 울음소리만 남겨둔 채 날아가 버렸다.

사자는 쓸모없는 날개를 떼어 버리고 먹이에 몰래 접근하는 법을 배워야만 했다. 사자가 황소개구리에게 살금살금 다가가 보지만, 개구리는 언제나 조심스럽기만 하다. 사자가 다가오는 소리를 듣기만 하면 황소개구리는 이빨도 없는 입으로 커다랗게 웃으면서 물 깊은 곳으로 잠수를 해버리는 것이었다. 사자는 물 주변 둔덕에 앉아서 으르렁댔지만, 아무 소용이 없었다. 황소개구리가 뛰어 들어간 곳에서는 동그라미만 퍼져 나갈 뿐이었다. 동심원을 보면서 사자는 화를 냈다. 그 모양이 하늘에서 자신이 만들었던 동그라미를 떠올렸기 때문이었다.

물을 얻기 위한 춤 혹은 토끼의 승리

··· 남아프리카공화국/민담

 무서운 가뭄이 들었다. 강물은 오래전에 말라버렸고 샘을 파도 물이 나오지 않았다. 동물들이 물을 찾아 사방으로 흩어졌지만, 아무 소용이 없었다. 그 어느 곳에서도 물이 발견되지 않았다. 이 문제를 토의하기 위해서 사자, 호랑이, 늑대, 자칼, 코끼리 등 모든 동물이 모였다. 한 동물이 의견을 제시하면 다른 동물이 또 다른 계획을 주장했다. 하지만 그 어떤 계획도 실현가능성이 없어 보였다.
 마침내 동물 중 하나가 제안했다.
 "우리 모두 말라버린 강바닥에 가서 춤을 추어 봅시다. 그렇게 하면서 물을 뽑아냅시다."
 모두 다 이 제안이 좋다고생각했다. 동물들은 마음이 들떠서 즉시 떠날 준비를 하였다. 그런데 토끼가 말했다.
 "나는 춤추러 가지 않겠어. 당신들 모두가 춤으로 마른 땅에서 물을 얻으려고 시도하는데, 그것은 정신 나간 짓이야."
 하지만 나머지 동물들은 강바닥에 가서 계속해서 춤을 추었다. 그리고 마침내 물이 나오게 되었다. 얼마나 기쁜 일이었던가. 모두가 마실 수 있는 만큼 배불리 마셨다. 하지만 토끼는 그들과 함께 춤을 추지 않았다. 그래서 그들은 토끼가 물을 마셔서는 안 된다고 결정했다. 토끼는 그들을 비웃었다.
 "그래도 나는 당신들의 물을 조금이라도 마시고 말 테야."

그날 저녁 토끼는 동물들이 춤추었던 강바닥으로 느긋하게 다가가 실컷 물을 마셨다. 다음 날 아침에 동물들은 토끼의 발자국을 땅에서 발견했다. 그러자 토끼는 잽싸게 도망치며 말했다.

"아하! 내가 물을 몇 잔 마셨는데, 시원하고 맛있던 걸."

동물들이 급히 모였다. 어떤 조처를 해야 할까? 토끼에게 어떤 제재를 가해야 할 것인가? 모든 동물이 제각기 의견을 제안했다. 하나가 이것을 제안하면, 다른 이는 또 다른 의견을 제시했다. 마침내 거북이가 천천히 앞으로 걸어 나와 말했다.

"내가 토끼를 잡겠어."

"거북이, 네가? 어떻게 잡을 건데? 네가 누군지 생각이나 해봤니?" 다른 동물들이 이구동성으로 외쳤다.

"내 등껍질에 검은 밀랍을 문질러 줘. 그런 다음에 내가 물가에 가서 엎드려 있을게. 그러면 내가 돌처럼 보일 거야. 토끼가 물 마시러 왔다가 내 등을 밟으면, 딱 붙어 버릴 거야."

"맞아, 맞아, 그거 좋은 생각이다."

셋을 셀 시간이 지나자, 거북이의 등은 끈적끈적한 검정 밀랍으로 뒤덮였다. 거북이는 느릿느릿 강으로 다가갔다. 거북이는 강가의 물웅덩이 가까이 가서 엎드려서, 머리를 껍질 안으로 집어넣었다.

저녁이 되자 토끼가 물을 마시기 위해 웅덩이로 왔다.

"이런!" 토끼는 비꼬는 어투로 말했다.

"그 친구들이 못돼먹지는 않았군. 이곳에 돌까지 갖다 놓고 말이야. 이제 물 마실 때 발을 적시지 않아도 되겠어."

토끼는 왼발을 돌 위에 올려놓았다. 그리고 거기에 들러 붙어 버리고 말았다. 그러자 거북이가 머리를 등껍질에서 빼냈다.

"아하, 늙은 거북이였군. 네가 나를 움직이지 못하게 잡고 있는 것이군. 하지만 나는 다른 발이 있거든. 네게 크게 한 방 먹여주지."

토끼는 자신이 말한 것처럼 아직 움직일 수 있는 오른발로 강하고 똑바르게 거북이를 차버렸다.

"난 아직 뒷다리가 있거든. 그리고 널 찰 수가 있지."

토끼는 뒷다리를 들어 거북이를 내리쳤다. 그렇지만 나머지 다리 역시 거북이 등 위에 붙어버렸다. 토끼는 자신의 머리로 거북이를 박았고, 꼬리를 채찍처럼 휘둘렀다. 하지만 둘 다 발과 같은 운명에 처하고 말았다. 그것들은 검정 밀랍에 딱 달라 붙어버린 것이다. 그러자 거북이는 침착하게 방향을 돌려 등에 토끼를 매단 채로 다른 동물들이 있는 곳으로 한 발자국씩 움직이기 시작했다.

"하하하, 토끼야! 이게 무슨 꼴이냐? 대가를 치르지 않은 꼬락서니를 보라니까."동물들이 소리쳤다.

이제 문제가 해결되었다. 동물들은 토끼를 어떻게 처벌할 것인가? 아마도 죽임을 당할 수 있으리라. 하지만 어떻게? 하나가 말했다.

"목을 매달자." 다른 이가 말했다.

"더 가혹한 벌을 줍시다."

"토끼야, 우리가 너를 어떻게 죽이면 좋겠냐?"

"내가 상관할 바가 아니지. 수치스럽게 죽이지만 말아다오." 토끼가 대답했다.

　동물들은 모두 소리쳤다.

　"무슨 말을 하는 거냐?"

　"내 꼬리를 잡고 머리를 돌에다 부딪치게 하는 것, 바라건대, 그것만은 하지 말아다오."

　"안되지. 너는 그렇게 죽게 될 거야. 우리는 그렇게 결정하겠다."

　토끼는 꼬리가 잡힌 채 머리를 돌에 부딪히게 해서 조각으로 흩어진 채로 죽이는 것으로 결정되었다. 하지만 누가 그 일을 하겠는가?

　사자가 그 일을 담당하기로 했다. 왜냐하면, 사자야말로 가장 힘이 센 동물이기 때문이었다. 잘 되었군. 사자가 그 일을 한다니. 사자는 일어나서 앞으로 걸어 나왔다. 그리고 가엾은 토끼를 잡았다. 그러나 토끼는 자신을 그렇게 비참하게 죽이지 말아 달라고 빌고 또 빌었다. 토끼의 꼬리를 꽉 잡은 사자가 손을 힘차게 휘둘렀다. 그러자 토끼의 하얀 거죽이 벗겨져 버렸다. 토끼의 머리와 발톱이 남아있는 토끼의 하얀 거죽만이 사자에게 남아있었고, 토끼는 살아서 도망쳐 버렸다.

원숭이의 바이올린

… 남아프리카공화국/민담

어느 날, 굶주려 죽을 위기에 처한 원숭이가 살던 땅을 떠나 익숙하지 않은 어딘가로 먹을 것을 찾아 나섰다. 나무뿌리, 땅콩, 전갈, 곤충조차도 완전히 사라져 버렸기 때문이었다. 다행히도 원숭이는 다른 지역에 살고 있던 삼촌인 오랑우탄에게 당분간이나마 신세를 지게 되었다.

삼촌 집에서 얼마동안 일을 하고 나서, 그는 집으로 돌아가기를 원했다. 그러자 오랑우탄 삼촌은 그동안 일한 보상으로 그에게 활과 화살, 그리고 바이올린을 주었다. 그리고 그 활과 화살은 원하는 것이 있다면 무엇이라도 맞혀 죽일 수 있고, 바이올린을 켜면 누구라도 강제로 춤추게 할 수 있다고 설명했다.

고향으로 돌아가는 길에 원숭이가 처음 마주친 것은 늑대였다. 이 오래된 친구는 그에게 그동안의 모든 고향 소식들을 전해주고는, 자신이 이른 아침부터 사슴 한 마리를 몰래 뒤쫓고 있었는데 소득이 없다고 푸념했다. 그러자 원숭이는 등에 멘 활과 화살의 놀라운 효능을 친구에게 자랑하고는, 자신이 사슴을 볼 수만 있다면 잡아서 주겠다고 장담했다. 늑대가 그에게 사슴을 보여주자 준비하고 있던 원숭이는 사슴을 화살로 쏘아 쓰러트렸다.

그들은 함께 맛있는 식사를 즐겼다. 하지만 늑대는 고맙게 생각하기는커녕 질투에 눈이 멀어 원숭이에게 활과 화살을 빌려달라고 간청했다. 원숭이가 늑대에게 거절의 뜻을 비치자 그는 자신이 더 힘이 세다면서 원숭이를 위협하기 시작했다. 그리고 때마침 근처를 지나가던 자칼에게 늑대는 원숭이가 자신의 활과 화살을 훔쳐갔다고 말했다.

두 친구의 이야기를 다 들어 본 자칼은 자신이 혼자서 이 문제를 해결할 수 없다고 선언하고 사자, 호랑이 그리고 다른 동물들이 모인 법정에서 판결을 받아보는 것이 어떻겠냐고 제안했다. 그리고 자칼은 재판이 진행되는 동안 다툼의 원인이 되었던 활과 화살은 자신이 안전하게 보관하겠다고 선언했다. 그렇게 하는 것이 모두를 위해 안전할 것이라고 말했다. 하지만 자칼은 곧바로 사냥거리들을 향해서 활을 쏘아댔고, 그 결과 원숭이와 늑대가 동물들의 법정에서 사건을 해결하는 동안 오랫동안 대규모 학살극이 벌어졌다.

원숭이의 주장은 설득력이 약했고 그 증언의 신빙성을 떨어트리기 위해 자칼은 원숭이에 대해 불리한 증언을 했다. 자칼은 그런 방법으로 활과 화살의 소유권을 늑대에게서부터 자신이 넘겨받을 수 있으리라 판단했기 때문이다. 결국, 원숭이에게 불리한 판결이 내려졌다. 절도는 중대한 잘못으로 인식되었기 때문에, 그에게 교수형이 선고되었다. 그러나 원숭이에게는 바이올린이 있었다. 그는 법정으로부터 바이올린을 연주할 수 있는 마지막이자 단 하나의 자비를 얻었다. 원숭이는 주어진 시간을 적극적으로 활용했다. 게다가 매혹적인 바이올린의 놀라운 힘이 발휘되었다. 그래서 그가 첫 곡으로 '새벽'을 연주했을 때, 평상시와 다르게 법정은 순식간에 자연스러운 활기로 넘쳐났다. 그리고 누구나 알고 있는 왈츠 곡이 끝나기도 전에 이미 모든 동물은 격렬하게 춤을 추고 있었다.

'새벽'의 선율은 계속해서 더 빠르고 매혹적으로 연주되었다. 춤을 추다 지쳐서 쓰러지는 동물들도 있었지만, 나머지는 여전히 멜로디에 발을 맞추며 계속 춤을 이어갔다. 하지만 원숭이는 연주하면서 무슨 일이 일어나고 있는지를 유심히 듣고 관찰했다. 머리로는 부드럽게 악기를 다루었고 눈을 반쯤 감은 채 발로 리듬을 맞추면서 바이올린 연주를 계속했다.

제일 먼저 늑대가 숨을 헐떡이며 소리치며 애원했다.

"제발 연주를 멈춰 주게, 친구야. 자비를 베풀어주게. 제발, 그만 해!"

하지만 원숭이는 그의 말을 듣지 않았다. 계속해서 '새벽'의 왈츠 선율은 연주되었다.

얼마 후, 힘이 다 빠진 사자가 자신의 젊은 아내와 한 번 더 춤을 추고 나서는 원숭이 앞을 지나칠 때 으르렁거리며 말했다.

"연주를 멈추기만 한다면, 나의 왕국을 다 주마."

"나는 그것을 원하지 않아요."

원숭이는 대답했다.

"판결을 철회하고 활과 화살을 나에게 돌려주세요. 그리고 늑대, 너는 네가 내 것을 훔쳐갔다는 것을 시인해라."

"내가 그랬어, 내가 훔쳤다고."

늑대가 울부짖으며 시인했다. 동시에 사자는 판결을 철회한다고 말했다.

원숭이는 잠깐 '새벽'의 연주를 멈추고는 자신의 활과 화살을 챙겨서 근처에 있는 낙타가시 나무의 높은 곳에 올라가 앉았다.

재판에 참여했던 동물을 비롯한 모든 동물은 원숭이가 다시 바이올린을 켤까봐 너무 두려워, 서둘러서 다른 곳으로 흩어졌다.

사자와 자칼

… 남아프리카공화국/민담

사자와 자칼이 겨울 동안 가족이 먹을 고기를 저장할 목적으로 사냥을 함께 하기로 동의했다. 자칼은 사자가 훨씬 더 사냥을 잘 하기 때문에 자신은 잡은 동물을 굴로 옮기는 역할을 하겠다고 자처했다. 그리고 자칼의 아내와 아이들이 고기를 준비해서 말리기로 했고, 그 일을 원하지 않았던 사자 가족을 돌봐주겠다고 했다. 사자가 자칼의 제안에 동의하고 난 후, 사냥이 시작되었다.

얼마 동안 매우 성공적인 사냥을 한 후, 사자는 가족들을 보려고 돌아왔다. 그는 자신이 잡은 사냥물로 풍부해진 먹을거리를 함께 즐겨야겠다고 생각했다. 하지만 사자는 자신의 아내와 아이들이 굶어죽기 일보 직전의 상태로 더러운 굴에 방치된 것을 보고는 너무 놀랐다. 자칼은 그들에게 겨우 살아남을 수 있을 정도의 양인 사냥감의 내장 몇 개만을 주곤 했는데, 그는 항상 사자의 가족들에게 사자와 자신이 사냥에 거의 성공하지 못했다고 말했다는 것이다. 반면에 자칼의 가족은 먹을 것이 넘쳐났고 가족 모두가 살이 통통해져서 윤기가 나게 되었다.

사자는 참을 수가 없었다. 분노에 찬 사자는 즉시 자칼과 그의 가족들을 어디에서든 만나기만 하면 죽여 버리겠다고 맹세하면서 달려 나갔다. 자칼은 이런 사태가 일어날 것에 대해 어느 정도 대비를 해 두었다. 그는 모든 물건을 자신만이 알고 있는 절벽 꼭대기에 옮겨 두었는데, 그곳은 매우 험하고 구불구불한 길로만 갈 수 있는 장소였다. 사자가 절벽에 있는 자칼을 보았을 때, 자칼은 매우 반갑게 사자를 불렀다.

"안녕하세요. 삼촌."
"네 놈이 감히 나를 삼촌이라 부를 수 있느냐, 이 뻔뻔스러운 악당 같으니."

사자는 천둥 같은 소리로 으르렁댔다.
"내 가족을 어떻게 그렇게 내버려 둘 수 있느냐?"
"아, 삼촌! 내가 어떻게 설명할 수 있을까요? 이 망할 놈의 마누라 같으니라고."

철썩, 철썩 소리가 들렸다. 자칼이 막대기로 아내의 등을 때리는 척했다. 자칼이 때리는 시늉을 하는 동안 자칼의 아내는 미리 약속한 대로 비명을 질렀다. 어미가 매 맞으며 소리를 지르자, 어린 자칼들이 구슬프게 울기 시작했다. 자칼이 말했다.

"아이고, 이 불쌍한 것들! 이 모든 게 이 마누라 탓이에요. 이 여편네, 죽여 버릴 거야."

그리고 다시 아내를 힘껏 때렸다. 자칼의 아내와 새끼들은 애처로운 신음을 흘리자 사자는 자칼에게 아내를 그만 때리라고 부탁했다. 조금 흥분이 가라앉자, 자칼은 삼촌인 사자에게 올라와서 뭔가를 좀 먹으라고 권했다. 사자는 절벽을 올라가려 몇 번을 헛되이 시도하다가 포기하고 말았다. 비상사태를 항상 준비했던 자칼은 삼촌을 끌어올릴 수 있게 가죽 줄을 내려 보내겠다고 했다. 사자가 동의하자, 자칼은 줄을 내려뜨려서 사자에게 몸에 묶으라고 한 후 온가족이 사자를 끌어 올렸다. 그러나 사자를 반 정도 끌어올리던 자칼 가족은 몰래 줄을 끊어버렸다. 사자는 쿵 하는 소리와 함께 추락했고, 매우 심하게 상처를 입게 되었다. 그러자 자칼은 다시 대담하게 추락한 사자에게 썩은 줄을 건넸다.

 줄이 다시 내려졌고 사자는 몸을 묶었다. 온 가족이 삼촌을 끌어올렸다. 그리고 사자가 거의 절벽 끝에 이르러 기름진 고기가 전부 냄비 안에서 끓고 있고 살코기들이 매달려 말려지고 있는 것을 보았을 그 순간에, 가죽 줄이 다시 잘렸다. 가엾은 사자는 너무 세게 떨어져서 잠시 기절해 버렸다. 사자가 정신을 차리자, 자칼은 정말 안쓰러운 어조로 절벽으로 사자를 다시 끌어올리는 것이 성공하지 못할까봐 겁난다고 말했다. 대신에 그는 큰 영양의 가슴살 덩어리를 구워 사자의 입으로 넣어주는 것이 어떠냐고 제안했다. 굶주리고 상처 입은 사자는 이 제안을 받아들이고서 맛있는 살덩이를 학수고대하며 앉아 기다렸다.

 그 사이에 자칼은 빨갛게 달아오른 둥근 돌을 살가죽으로 감싸서 지방 덩어리로 보이게 만들었다. 사자가 그것을 보고는 최대한 넓게 커다란 입을 열었다. 자칼은 뜨거운 덩어리를 사자의 입에 정확하게 떨어트렸다. 그것을 삼킨 사자는 그 자리에서 죽었다.

 그날 밤, 절벽에서 큰 기쁨의 환호성이 있었다는 사실은 거의 알려지지 않았다.

사자의 나눔

··· 남아프리카공화국/민담

사자와 자칼이 함께 사냥에 나섰다. 둘은 화살을 쐈다. 사자가 먼저 쏘았지만, 그의 화살은 겨냥한 곳에 이르지 못했다. 하지만 자칼은 사냥에 성공해서는 기쁘게 소리쳤다.

"맞췄다."

사자는 눈을 부릅뜨고 자칼을 쳐다보았다. 그런데도 자칼은 기쁜 표정을 지우지 않고 말했다.

"삼촌, 그게 아니라요. 삼촌이 맞췄다고 말한 거예요."

그래서 그들은 사냥을 계속했다. 그리고는 자칼은 사자가 신경 쓰지 않게 화살을 건네주었다. 둘이 갈림길에 도착했을 때, 자칼이 말했다.

"삼촌, 삼촌은 좀 지쳤으니까, 여기 있어요. 내가 살펴보고 올게요."

그리고는 자칼은 코를 킁킁 대면서 길을 따라 숲으로 들어갔다. 그리고 돌아오는 길에 마치 짐승의 것인 양 핏방울을 흩뿌려 놓았다.

"아무것도 찾을 수 없네요."

자칼은 이렇게 말했다.

"그래도 핏자국을 발견했으니, 삼촌이 한번 가서 살펴보는 게 좋을 것 같네요. 그사이에 나는 다른 길을 살펴볼게요."라고 덧붙여 말했다.

얼마 안 되어 자칼은 죽은 동물을 발견했다. 자칼은 몸통 안으로 들어가 맛있는 부분을 골라 양껏 먹어치웠다. 그러나 자칼의 꼬리가 밖으로 나와 있었다. 사자가 도착해서 자칼의 꼬리를 잡아당겨서 밖으로 끌어냈다. 사자는 자칼을 땅바닥에 던져버리면서 말했다.

"이 못된 놈!"

자칼은 바로 일어나서는 과장된 몸짓으로 불평했다.

"내가 뭘 했는지 알아요, 삼촌? 나는 맛있는 부위를 잘라내고 있었단 말이에요."

"이제 가서 가족들을 불러오자." 사자가 말했다.

그러자 자칼은 삼촌은 나이가 있으니 그 자리에 남아있으라고 말했다. 그리고는 자칼은 자신의 아내 몫의 살덩이와 사자의 아내 몫으로 좋은 부분 한 덩이를 챙겨서는 출발했다. 자칼이 먹을 것을 가지고 집에 왔을 때, 사자의 아이들은 그를 보고 손뼉을 치고 껑충껑충 뛰면서 소리쳤다.

"삼촌이 먹을 걸 가지고 왔어요."

자칼은 그들에게 맛없는 부분을 던져주면서 불평하듯 말했다.

"자, 받아라. 툭하면 눈만 부릅뜨는 것의 자식들아."

그리고 곧바로 자신의 집으로 가서 아내에게 집을 나서서 사냥으로 잡은 동물이 있는 곳으로 가라고 말했다. 암사자가 자기도 가고 싶다고 했지만, 자칼은 사자가 와서 그녀를 데려갈 것이라며 말렸다.

자칼이 아내와 아이들을 데리고 사냥감이 있는 곳 가까이 이르렀을 때, 그는 가시덤불로 돌진해서 얼굴에 온통 상처를 내서 피를 흘리고서는 사자 앞에 가서 이렇게 말했다.

"아, 숙모는 너무하시네요. 내 얼굴을 좀 보세요. 내가 숙모에게 함께 가야 한다고 말하니까 내 얼굴을 이렇게 할퀴어 놨어요. 삼촌이 직접 가서 데려오세요. 나는 데려올 수가 없어요."

사자는 매우 화를 내며 집으로 향했다. 그러자 자칼이 말했다.

"빨리, 집을 만들자."

그들은 돌을 계속 높이 쌓아 올리며 집을 만들었다. 꼭대기에 더 이상 아무것도 올릴 수 없을 정도로 집이 높아질 때 즈음에, 자칼은 사자가 아내와 아이들을 데리고 오는 것을 볼 수 있었다. 그는 그들에게 소리쳤다.

"삼촌, 삼촌이 가족을 데리러 간 동안 우리가 집을 만들었어요. 이제 멀리 있는 사냥감들을 잘 볼 수 있을 거예요."

사자가 말했다.

"잘했다. 이제 우리가 올라가게 해다오."

"당연하죠. 삼촌, 그런데 어떻게 올라오실 건데요? 가죽 줄을 내려드려야겠는데요."

사자가 줄을 가지고 자신의 몸을 묶자 자칼이 그를 끌어올리기 시작했다. 하지만 거의 끝에 이르렀을 때, 자칼이 소리쳤다.

"삼촌, 너무 무거워요."

그리고는 사자가 눈치를 채지 못하도록 줄을 끊어버렸다. 사자는 바닥으로 떨어졌고 자칼은 아내를 향해 큰소리로 화를 내며 혼을 냈다. 그리고 이렇게 말했다.

"가서 새로운 줄을 가져와."

그리고는 작은 소리로 덧붙였다.

"낡은 것으로 가져와, 알았지?" 사자는 다시 몸을 줄로 묶었고 거의 끝에 가까이 올라갔을 때, 자칼은 줄을 다시 끊어 버렸다. 사자는 쿵 소리가 날 정도로 바닥으로 떨어졌다. 신음을 흘리던 사자는 심각한 상처를 입고 말았다.

"안 돼."

자칼은 말했다.

"이렇게는 안 되겠어요. 어떻게든 여기까지 올라와야만 그나마 먹을 수 있을 텐데. 어쩌죠?"

그리고는 그는 아내에게 맛있는 살덩이를 가져오라고 말했다. 하지만 작은 소리로는 뜨거운 돌을 기름으로 감싸서 가져오라고 속삭였다. 사자를 다시 한 번 끌어올리면서, 자칼은 삼촌이 너무 무거우니 입을 벌리라고 말했다. 그리고는 뜨거운 돌을 사자의 목 깊숙이 집어넣었다. 땅으로 추락한 사자가 드러누운 채 물을 달라고 애원하는 가운데, 자칼 가족은 밑으로 내려와서 도망치고 말았다.

암사자와 타조

··· 남아프리카공화국/민담

옛날에 암사자가 으르렁거리면 따라서 으르렁거렸던 타조가 있었다. 암사자는 타조가 있는 곳으로 갔다. 그들이 만났다. 암사자가 타조에게 말했다.

"으르렁해 볼래?"

타조가 으르렁거렸다. 그러자 사자도 으르렁댔다. 소리가 똑같았다. 암사자가 타조에게 말했다.

"너는 나랑 단짝이구나."

그래서 암사자가 타조에게 제안했다.

"우리 함께 사냥하자."

그들은 큰 영양 떼를 보고 그쪽으로 향했다. 암사자가 영양 한 마리를 잡았다. 그러는 동안 타조는 다리의 발톱으로 영양을 공격해서 여러 마리를 죽였다. 사냥이 끝나고 다시 만나 서로가 잡은 사냥물로 갔을 때, 암사자는 타조가 죽인 많은 영양을 보게 되었다.

암사자에게는 새끼 사자들이 있었다. 그들은 그늘로 가서 휴식을 취했다. 암사자가 타조에게 말했다.

"일어나서 잡은 걸 먹자."

타조도 말했다.

"일어나서 고기를 찢어, 나는 피를 마실 거야."

암사자가 일어나서는 고기를 찢어서 새끼들과 먹었다. 그리고 그녀가 고기를 먹고 나자 타조는 일어나 피를 마셨다. 그들은 잠이 들었다. 새끼 사자들은 놀고 있었다. 놀다가 그들은 잠이 든 타조에게 다가갔다. 잠을 잘 때면 타조 역시 입을 벌린 채 잤다. 새끼 사자들은 타조가 이빨이 없는 것을 보았다. 그들은 엄마에게 가서 말했다.

"엄마만큼 힘이 세다고 말하는 저 친구는 이가 없어요. 엄마를 무시하는 거예요."

그러자 암사자는 타조를 깨우고서는 말했다.

"일어나봐, 우리 한번 싸워보자."

그래서 둘은 싸우게 되었다. 타조가 말했다.

"저기 개밋둑 저쪽에 가서 있어, 나는 이쪽으로 가 있을게."

타조는 개밋둑을 쳐서 암사자 쪽으로 보냈다. 하지만 그다음에는 암사자의 심장 쪽의 급소를 공격하여 죽여 버렸다.

사자의 병
… 남아프리카공화국/민담

사자가 아팠고 그래서 다른 동물들이 아픈 사자를 보러 갔다. 그러나 자칼은 가지 않았다. 그 이유는 사자를 보러 간 동물들이 돌아오지 않았기 때문이다. 하이에나는 자칼이 사자를 보러 가지 않는다고 비난을 하며 말했다.

"내가 사자를 보러 가더라도, 자칼은 사자를 보러 가지 않을 거야."

하이에나는 사자를 보러 갔고 사자는 하이에나를 무사히 돌려보냈다. 그 까닭은 자칼을 잡기 위해서였다. 그러자 자칼이 사자에게 왔고 사자가 자칼에게 물었다.

"너는 왜 나를 보러 오지 않았니?"

자칼이 사자에게 말했다.

"그게 아니에요! 제 말 좀 들어보세요. 삼촌이 매우 아프다는 소식을 듣고 상담을 받기 위해 마녀에게 갔어요. 통증을 없애는 데 어떤 약이 좋은지 마녀에게 물었지요. 그러자 마녀는 제게 대답했어요. '삼촌에게 하이에나를 붙잡아 가죽을 벗기고 온기가 남아 있을 때 그 가죽을 입으시라고 하게. 그러면 회복되실 걸세' 하이에나는 삼촌의 고통을 걱정하지 않는 놈이라고요."

사자는 자칼의 충고에 따라 하이에나를 붙잡아서 하이에나의 가죽을 잡아당겼다. 하이에나는 온 힘을 다해 울부짖으면서 저항했으나 소용이 없었다.

늑대를 속인 영리한 자칼

… 남아프리카공화국/민담

늑대와 자칼은 친구였다. 그들은 매우 배가 고파서 양을 훔치기 위해 근처에 사는 농부의 가축우리에 침입하기로 했다. 이들은 우리에 들어가기 위해 구멍을 만들었다. 늑대는 약간 어리석었고 자칼은 매우 영리했다. 자칼이 늑대에게 말하기를 우리에 들어가게 되면 자신은 눈을 뜬 채로 양을 먹을 테니, 늑대는 눈을 감고 먹으라고 했다.

두 짐승은 양들이 있는 우리 안으로 들어갔다. 늑대는 눈을 감은 채 양을 먹었고 자칼은 눈을 뜨고 먹었다. 자신들의 몫을 먹어 치운 후, 자칼은 뚫어놓은 구멍을 통해 여전히 빠져나갈 수 있는지를 확인하였다. 이 둘은 양들을 계속해서 잡아먹었다. 자칼이 구멍을 겨우 빠져나갈 수 있을 만큼 충분하게 양을 잡아먹었을 때, 먹는 것을 멈추었다. 자칼은 계속 양을 먹는 늑대를 놔둔 채 가축우리를 빠져나왔다.

늑대가 가축우리에 뚫린 구멍을 통해 빠져나올 수 없을 만큼 충분히 먹었다고 생각되었을 때, 자칼은 외치기 시작했다.

"농부가 온다, 농부가 와, 도망쳐, 농부가 온다."

그리고 자칼은 농부에게 외치기 시작했다.

"누가 양을 훔쳐요!"

너무 많이 먹어 퉁퉁해진 늑대는 구멍을 통해 빠져나올 수가 없었다. 그리고 농부는 늑대를 잡아서 죽을 때까지 때렸다.

호랑이, 숫양, 자칼

··· 남아프리카공화국/민담

호랑이가 숫양과 마주쳤을 때 사냥을 멈추고 돌아섰다. 호랑이는 이전에 한번도 숫양을 본 적이 없었다. 그래서 나름 조심스럽게 접근해서는 말을 건넸다.

"좋은 날이네, 친구, 이름이 뭔가?"

상대는 앞발로 가슴을 치면서 거친 목소리로 대답했다.

"나는 숫양이다. 너는 누구냐?"

"호랑이라네."

상대가 풀이 죽은 채 대답했다. 그리고는 숫양에게서 떠나 온 힘을 다해서 집으로 달아났다.

자칼은 호랑이와 같은 동네에서 살았다. 호랑이가 자칼에게 가서 말했다.

"자칼, 내가 얼마나 끔찍한 괴물을 마주쳤는지 아나. 나는 꽁지가 빠지게 달아났어. 무서워서 죽을 뻔했다고. 커다랗고 두꺼운 머리를 가졌는데, 내가 그 녀석에게 이름이 뭐냐고 물었더니, 숫양이라 그러던데."

"이 어리석은 친구야."

자칼이 소리쳤다.

"그렇게 맛있는 것을 두고 오다니. 왜 그런 거야? 내일 우리 함께 그 녀석을 잡아먹으러 가자고."

다음 날, 두 친구는 숫양의 우리를 향해 출발했다. 그리고 그들이 언덕 위에 도착했을 때, 지난번에 채소를 어디에 심었는지 생각하고 있었던 숫양이 그들을 발견하였다. 숫양은 자신의 아내에게 달려가서는 말했다.

"오늘이 우리 사는 마지막 날인가봐. 자칼과 호랑이가 우리를 향해 오고 있어. 뭘 어떻게 해야 하지?"

"두려워하지 마세요."

아내가 말했다.

"아이를 안으세요. 함께 나가서 아이를 꼬집어요. 애들이 배가 고파서 우는 것처럼 하게요."

숫양은 아내가 말한 바대로 행동했다.

호랑이는 숫양을 보게 되자 다시 두려움이 생겼다. 그는 되돌아가고 싶어 발걸음이 늦어졌다. 자칼은 이럴 것에 대비해서 호랑이를 가죽끈에 묶어 자기와 함께 빨리 달리도록 했다. 그리고 호랑이를 격려했다.

"괜찮아. 가자고."

그때 아이를 꼬집으면서 숫양이 큰소리로 외쳤다.

"잘했다. 자칼, 내 친구야. 내 아이가 배고파서 울고 있는 걸 들었겠지? 호랑이를 잡아먹게 어서 데려오너라."

이 무시무시한 말을 들은 호랑이는 함께 가자는 자칼의 격려에도 불구하고 깜짝 놀라서 도망쳤다. 언덕을 넘고 계곡을 건너 수풀을 지나 바위 위로 달리는 동안 호랑이는 결코 뒤를 돌아보지 않았다. 호랑이와 가죽 끈으로 연결된 자칼은 그동안 반은 죽은 채로 끌려 다녔다. 이렇게 숫양은 죽음의 위험에서 벗어나게 되었다.

아·프·리·카·의·신·화·와·전·설

제 2 장
스와질란드 신화와 전설

포포냔 폭포가 어떻게 생겼는지에 대한 이야기
… 스와질란드/전설

옛날 옛적에 피그픽 산에 나이가 많고 이상한 여인이 살았다. 그녀는 긴 회색 머리카락과 개들처럼 매우 날카로운 이빨을 가지고 있었다. 그녀는 마녀였고 '포포'라는 이름으로 불렸다. 그녀는 작은 강 근처에 있는 두 개의 바위 사이에서 솟아나는 샘 옆의 오두막에서 살고 있었다.

포포는 사냥을 위해 오두막을 나서곤 했고, 요리를 할 때면 자신의 눈물을 가지고 짠맛과 매운맛을 조절했다. 누군가가 샘으로 와서 물을 마시려 하면 그녀는 주문을 걸어서 그들을 잠들게 했다. 그런 후에 그녀는 잠든 사람이나 동물을 올가미에 걸어 이빨을 사용하여 오두막으로 끌고 가서 죽인 다음, 먹을거리로 사용하였다. 그녀가 사람을 잡았을 경우엔 그녀는 우선 잡힌 사람의 친척이 꾸는 꿈속으로 들어갔다. 그리고 그들에게 친척 중의 한 명이 사라졌으니 자신의 오두막 근처의 샘에 와서 눈물을 흘려야만 한다고 말했다. 그러면 그녀는 그들이 흘린 눈물을 식사할 때 소금과 양념 대용으로 활용하였다.

포포는 친절하게도 샘으로 찾아온 사람들에게 눈물을 담을 수 있는 양동이를 주어 충분히 눈물을 모으게 하였다. 가끔 그녀는 사로잡힌 사람을 잠에서 깨게 해서 친척들에게 돌아가게 놔주기도 하였다. 하지만 배가 너무 고플 때면 그녀는 친척들의 눈물이 마를 때까지 울도록 했고, 그들이 눈물을 흘리기를 포기할 경우 그들 중의 하나를 남게 해서 식사 거리로 삼았다.

어느 날 '시베부'라는 이름의 잘 생긴 전사가 '쿨레'라는 아름다운 소녀와 사랑에 빠졌고, 그는 그녀와 결혼하기 원했다. 쿨레와 결혼하려면 암소를 지참금을 내야 했지만 시베부는 암소는커녕 양 한 마리조차 가지고 있지 않았다. 쿨레와 결혼할 수가 없다면 자신은 상사병으로 죽게 될 것을 시베부는 알고 있었기에, 그는 앉아서 어떻게 해야 그가 필요한 암소를 구할 수 있는지 곰곰이 생각했다. 그는 쿨레의 집을 찾아가서 지참금 액수를 조정했다. 그녀의 가족이 지참금으로 어떤 암소도 원하지 않는 대신에 표범의 가죽을 원한다는 이야기를 들었을 때, 그는 매우 놀랐다. 이 같은 제안은 그에게 긍정적이었는데, 왜냐하면 그는 뛰어난 사냥꾼으로 표범을 찾는데 그 어떤 문제도 없었기 때문이었다. 시베부는 쿨레에게 가서 몇 주 안에 표범 가죽을 가지고 돌아올 것이라고 약속했다.

그리고 다음 날, 시베부는 사냥을 위해 집을 나서 피그픽 산을 오르기 시작했다. 삼 일째 되는 날, 매우 피곤하고 목이 말랐던 그는 샘을 발견하고서는 자신이 매우 운이 좋다고 느꼈다. 그는 무릎을 꿇고 차갑기까지 한 시원한 물을 마셨다. 물이 너무 맛있어서 그는 물을 조금 가져갈 생각마저 했다. 물을 양껏 마신 후 그는 약간 피곤함을 느끼고는 나무 아래에서 잠시 휴식을 취하기로 했다.

시베부는 깊은 잠에 빠졌고 늙은 마녀 포포가 그를 자세히 보려고 가까이 왔다갔음을 알지 못했다. 포포는 그가 너무 잘 생겨서 꽃으로 만들어야겠다고 생각했다. 또한, 이 꽃을 보게 되면 그 누구라도 그 아름다움에 감탄할 것이고, 그녀가 지나가는 사람을 유혹하기에 좋은 함정으로 사용할 수 있다고 생각했다.

그래서 그날 밤 포포는 쿨레의 꿈속으로 들어가 그녀에게 시베부에 대해 말하면서 만일 그녀가 그가 돌아오기를 원한다면 자신의 샘에 찾아와서 눈물을 흘려야 한다고 말했다. 시베부를 너무 사랑했던 쿨레는 깊이 잠든 그를 깨울 그 어떤 방법도 알지 못했다. 따라서 그녀는 마녀가 알려주었던 것처럼 샘으로 찾아가 평화롭게 잠을 자는 시베부를 발견했다. 그녀는 그의 옆, 바위 위에 앉아 울기 시작했다.

쿨레는 자신의 눈물이 진정으로 사랑하는 사람을 깨우기를 바라면서, 밤낮으로 울고 또 울었다. 하지만 아무 일도 일어나지 않았다. 포포의 심장은 무심했고, 그녀는 자신의 주문을 바꿀 생각을 하지 않았다. 어느 날 아침, 태양이 떠오르자 쿨레는 시베부가 꽃으로 바뀌었음을 보았다. 그녀는 꽃으로 변화시킨 마법이라도 바뀌기를 기대하며 더 많이 울었지만, 아무런 효과가 없었다.

쿨레는 아름다운 꽃 옆에 누워서 계속 울었다. 심장이 터질 정도로 너무 많이 울어서, 그녀의 눈물은 강을 만들기 시작했다. 몇 주가 지나자, 쿨레의 눈물은 강물을 넘어 폭포를 만들어냈다. 그녀는 울면서 강으로 떨어졌다. 그래서 지금도 포포냔 폭포가 흐르는 것이다. 시베부 꽃은 아직도 그곳에 있으며 수많은 아름다운 다른 꽃들과 어우러져 있다.

마녀는 어디론가 사라졌는데 누구도 그녀가 어디로 갔는지를 알지 못했다. 이처럼 전사 시베부의 몸에서부터 시작된 포포냔 정원과 쿨레의 눈물로 만들어진 폭포는 지금도 그 아름다운 모습을 우리 모두에게 과시하고 있다.

보물의 주인은 따로 있다.

… 스와질란드/민담

스와질란드에는 많은 보물, 특히 남아프리카의 '크루거' 금화가 왕국의 특정 장소에 숨겨져 있다는 이야기가 전해진다. 이 금화는 부유한 백인 미혼 남성이 소유했던 것이었다. 재산을 물려줄 자손이 없었던 그는 죽음이 가까이 오자 어딘가에 자신이 소유한 모든 재산을 감춰두었단 것이다. 사람들은 그가 이 보물을 동굴이나 바위 아래 숨겨 놓았다고 믿었으며, 수많은 사람이 그것을 찾아 백만장자가 되는 꿈을 꾸었다.

하지만 '이말리 야페울라'라고 알려진 폴 크루거의 금화는 그 누구도 가까이 가는 것을 허락하지 않는 유령에 의해 지켜진다고 알려졌다. 매우 드문 경우지만 어떤 사람들에게는 꿈을 통해 보물이 어디에 있는지 계시가 되었다. 보물을 얻을 수 있는 자격은 이들에게만 주어졌다. 할머니들이 아이들에게 들려주는 이야기에는 보물을 지키는 유령이 항상 등장하는 이유가 거기에 있다.

어느 날, '홀라티쿨루'로 가는 길에 위치한 지방에 살았던 '만델라'가 웃음을 지으며 일어났다.

"아빠."

아이는 아빠를 부르며 침대에서 나왔다.

"내가 꿈을 꾸었어요. 보물이 어디에 숨겨져 있는지를 난 알아요."

암소의 젖을 짜고 있던 아버지가 만델라의 침실로 급하게 뛰어왔다.

"너는 이말리 야페울라를 말하는 거니?"

"네."

만델라가 대답하자 어머니와 형제, 그리고 두 자매, 이들 모두가 침실로 들어왔다. 갑작스러운 침묵이 방을 지배했다. 만델라의 엄마와 아빠는 아이들을 남겨두고 자신들의 방으로 들어갔다. 잠시 뒤 아빠가 돌아와서는, 만델라에게 마을의 나이 든 주술사를 찾아가서 그들이 아무런 어려움 없이 보물을 찾으러 갈 수 있는지를 물어봐야만 한다고 말했다. 그들이 마을의 나이 든 주술사 집에 도착했을 때, 주술사는 만델라에게 주술 의식을 치르기 전에 먹고 마실 것을 주었다.

"자네 아들의 꿈은 사실이네."

주술사가 말했다.

"아들이 꿈을 꾸게 된 것은 보물이 이제 그의 것이 될 때가 되었음을 말해주는 것이지."

아버지와 아들은 주술사를 남겨두고 앞으로 해야 할 일을 결정하러 집으로 돌아갔다.

그런 일이 있고 난 후, 삼촌 '시포'가 만델라의 집에 와서 조카가 꾼 꿈에 관해 이야기를 들었다. 시포는 형과 함께 보물을 찾으러 가기로 했다. 만델라는 너무 어려서 아버지와 삼촌과 함께 보물을 찾으러 갈 수 없었다. 시포는 만델라에게 보물이 묻힌 장소로 가는 방향을 알려달라고 말했다. 아버지가 허락했기에 만델라는 보물이 숨겨진 곳을 정확히 알려주었다. 오후 8시경에 두 사람은 곡괭이와 삽을 가지고 출발했다. 보물이 묻힌 곳에 도착하자, 그들은 서둘러 땅을 파기 시작했다. 약 5분 정도 지날 즈음, 갑자기 기차 소리가 들려 와서 두 사람은 땅파기를 잠시 멈추고 서로에게 물었다.

"잘 못 들은 거겠죠."

시포가 말했다.

"계속 파죠, 뭐."

그런데 이번에는 말들이 달려오는 것이었다. 게다가 흰 수염을 길게 기른 네 명의 백인 남자들이 모두 채찍을 들고 말에 타고 있었다. 두 사람은 깜짝 놀라 정신없이 도망쳤다. 말을 탄 사람들은 서로 다른 방향으로 도망치는 두 사람을 향해 채찍을 무섭게 휘둘렀다.

다음 날 아침 만델라의 아빠가 깨어났을 때, 그는 자신이 무덤같이 생긴 곳에서 자고 있었다는 것을 알게 되었다. 자리에서 일어난 그는 동생 시피오가 겨우 몇 미터 떨어진 곳에 있음을 알게 되었다. 두 사람은 일어나 집으로 돌아갔는데, 집까지는 약 30km 정도의 거리였다. 집에 도착하자마자 두 사람은 모두 마을의 주술사를 찾아가서 무엇이 잘못되었는지 물어봐야겠다고 생각했다.

"욕심을 부리지 말게."

주술사는 말했다.

"만델라가 꾸었던 꿈은 그 아이가 혼자 보물을 취할 자격이 있음을 말한다네. 아들과 함께 가서 그 아이 혼자 땅을 파게 놔두게나."

그날 밤 세 사람이 출발했고 만델라는 곡괭이로 땅을 혼자 파 보았다. 몇 분 안에 만델라는 금화가 가득 찬 보물 상자를 열게 되었다. 그리고 가족은 오래도록 행복하게 살았다.

할머니의 특별한 새

··· 스와질란드/민담

스와질란드의 모든 가족은 비밀을 하나씩 가지고 있다. 어떤 노인들은 자녀들에게 그 사실을 알려주기도 하지만, 대개 그런 일은 거의 없다. 아이들에게 가족의 비밀을 다른 사람들에게 말하지 않게 하는 유일하면서 유효한 방법이 한 가지 있다면, 그것은 차라리 그들에게 비밀을 말해주는 것이다. 마나나 할머니 동화에서 우리는 그 이유를 알 수가 있다.

옛날에 도시에서 멀리 떨어진 마을에 할머니 한 분이 살고 있었다. 이 할머니는 특별한 새를 가지고 있었는데, 이 새는 그녀가 필요로 할 때마다 신 우유를 만들어 주는 능력이 있었다. 할머니 가족의 비밀은 바로 이 특별한 새였다. 할머니는 아침 일찍 일어나 밭의 잡초를 뽑으러 나가곤 했다. 햇살이 뜨거워져 기온이 오르고 배가 고파지면 그녀는 밭을 떠나 집으로 돌아갔다. 집에 도착하면 그녀는 쓰던 괭이를 정리하고 손을 씻은 다음, 진흙 냄비를 들고 특별하게 만든 새장으로 가서 새에게 말했다.

"새야, 새야, 신 우유를 다오."

그러면 새는 신 우유를 만들어 주었다. 이러한 일은 오랜 시간 할머니만이 간직한 비밀이었다. 손자들은 집에서 암소도 키우지 않는데 어떻게 할머니가 항상 신 우유를 내오는지를 결코 이해하지 못했다.

비극적인 일은 할머니의 손자 중의 하나인 '시피소'가 학교에서 일찍 집에 돌아온 날에 일어났다. 그때 할머니는 여전히 밭에 있었다. 밭에서 집으로 돌아온 그녀는 집안에 자신만이 있을 거로 생각하면서 여느 때와 같이 우유를 가지러 갔다. 그녀는 시피소가 집에 있을 것이라고 상상도 못 했던 것이다.

"새야, 새야, 신 우유를 다오."

시피소는 할머니가 외치는 이 소리를 우연히 듣게 되었다. 그리고 오두막 문을 통해서 할머니가 무슨 일을 하는지를 훔쳐보게 되었다. 그날 이후 피소는 신 우유가 어디서 나왔는지 알게 되었다. 시피소는 자신이 알게 된 것을 아무에게도 말하지 않았다. 며칠, 몇 주 그리고 몇 달이 지나도록 할머니는 여전히 손자들에게 신 우유를 먹였다. 어느 날, 여동생이 아프다는 소식을 들은 할머니는 그녀를 보러 집을 비워야만 했다. 할머니의 여동생은 농가에서 약 20km 떨어진 곳에 살고 있었기 때문이다. 그래서 그녀는 학교에서 돌아온 손자들이 신 우유를 충분히 마실 수 있도록 많은 양을 만들어 놓고 집을 나섰다.

시피소에게는 '만드라'와 '핀다'라 불리는 두 형제가 있었다. 두 형제는 학교에서 돌아온 후 할머니가 아이들 모두를 위해 남긴 신 우유를 다 마셔버렸다. 집으로 돌아온 시피소가 남아 있는 신 우유가 없다는 것을 알고서 화를 냈다. 도대체 자신이 먹을 것이 뭐가 있느냐고 따졌다. 두 사람은 오트밀만이 담겨있는 냄비를 보여 주며 그것이 시피소가 먹을 점심이라며 약 올리듯이 말했다.

시피소는 할머니가 집을 나서면서 모든 손자에게 해야 할 일을 지시했음을 떠올렸다. 그리고 마당을 청소하는 것이 자기 일임을 떠올림과 동시에 자신이 우유를 얻는 방법을 알고 있음도 환기했다. 만들라와 핀다의 역할은 장작과 물을 마련하는 일이었다. 두 형제가 그들이 해야 할 일을 하러 집 밖으로 나간 사이에, 시피소는 할머니의 특별한 새에게 가서 외쳤다.

"새야, 새야, 신 우유를 다오."

그러자 새는 바로 우유를 만들어 내었다. 하지만 문제는 시피소가 새에게 우유를 그만 만들라는 할머니의 주문을 듣지 못했다는 것이다. 새는 신 우유를 더는 만들 수 없을 때까지 계속해서 만들 수밖에 없게 되었다.

"이제 그만해."라고 시피소는 외쳤지만 새는 멈추지를 않았다. 그러다 갑자기 새가 죽어버렸다. 겁이 난 시피소는 새를 그 자리에 그대로 두고 새가 있는 오두막에서 나왔다. 그리고 자신이 먹은 것이라고는 평범한 오트밀인 것처럼 가장했다.

할머니가 집으로 돌아왔을 때 그녀를 맞이한 것은 마당 곳곳에 신 우유가 흘러넘쳐 엉망이 된 모습이었다. 그녀는 곧바로 무슨 일이 일어났는지 알았다. 죽어 있는 새를 발견하고서 할머니는 그녀와 자신의 손자들이 우유 없이 평생을 살아야만 한다는 현실을 알게 되었다. 이러한 이야기야말로 가족의 비밀을 지키지 못한 사례 중의 하나이다.

후회할 만한 약속은 절대 하지 마라

··· 스와질란드/민담

옛날에 마을에 한 여인이 살고 있었다. 그녀는 아이를 가진 상태였다. 그녀는 매일 아침 일어나 집에서 멀리 떨어진 밭에 가서 잡초를 뽑았다. 어느 날, 평상시처럼 밭에 갔다가 그녀는 큰 뱀과 마주치게 되었다. 뱀은 그녀에게 배가 고프다며 말을 걸었다. 여인은 뱀에게 자신을 삼키지 말라고 간청했다. 그리고는 뱀에게 다음처럼 말했다.

"네가 보다시피 나는 임신 중이야. 아이를 낳게 되면 그 아이를 네게 주마."

뱀은 신이 나서 언제 그녀가 애를 낳는지 물었다. 뱀은 늙고 뼈가 단단한 나이 든 여인보다 신선하고 부드러운 살을 가진 아이가 맛있다는 것을 알고 있었다. 뱀은 그녀가 약속을 지키지 않고 거짓말을 하면 아이와 여인, 둘 모두를 삼켜 버릴 것이라고 경고하고는 자취를 감췄다.

갑작스레 뱀과 마주쳐 놀란 여인은 괭이를 집어 들고 잡초를 뽑을 생각도 못하고 집으로 돌아갔다. 놀란 마음을 진정하지 못한 그녀는 집으로 가던 길에서 본 긴 통나무를 보고 뱀인 줄 알고 길옆으로 뛰어 피하기까지 했을 정도였다. 하지만 무엇보다 걱정스러운 일은 태어나지도 않은 아기를 뱀에게 줄 것을 그녀가 약속했다는 것이었다.

밭에서 뱀과 약속한 것으로 걱정이 많았음에도, 출산이 가까이 오자 여인은 아이를 낳을 준비를 했다. 마침내 여인은 예쁜 아기를 낳았다. 다음 날이 되자 그녀는 잡초를 뽑기 위해 밭으로 갈 준비를 했다. 뱀에게 아기를 주기로 한 약속을 생각했기 때문이었다. 그녀는 약속을 지키지 않는다면 더 끔찍한 일이 자신에게 일어날 수 있으므로 약속을 깨뜨릴 수 없다고 생각했다.

밭에 도착했을 때, 그녀는 뱀이 자신을 기다리고 있는 것을 보았다. 뱀은 여자와 그녀의 아이를 보자 정말로 좋아했다.

"약속을 지켜줘서 고맙군. 배가 몹시 고프니 아기를 내가 가질 수 있을까?" 뱀이 말했다.

여자는 예쁜 아이를 뱀에게 건네주었고 뱀은 아이를 삼켜버렸다. 뱀이 삼키는 아기를 보고는 그녀는 울었다. 뱀은 며칠 동안 배가 고팠기에 아이를 삼킨 후에도 배가 고프다고 불평했다. 뱀은 여인에게 돌아서며 말했다.

"나는 아직도 배가 고프다."

"예쁜 아기를 이미 잃어버렸으니 너는 나를 먹어도 좋다." 여자가 대답했다.

그러자 뱀은 망설임 없이 여인을 삼켜 버렸다.

욕심을 부리는 것은 가치가 없다

··· 스와질란드/민담

오래전에 가뭄으로 힘들어하는 마을에 아내와 아이들과 함께 살던 한 남자가 있었다. 어느 날, 아내는 다른 마을에 사는 친정 부모님에게라도 남편을 보내 먹을 것을 가져와야겠다고 결정했다. 그래서 남자는 식량을 구하러 장인 집으로 떠났다. 그가 장인 집에 도착했을 때, 장인 가족은 그를 위해 염소를 잡았다. 그는 아주 오랜만에 맛있고 풍족한 식사를 하게 되었다. 며칠 동안 장인 집에 머물던 그가 집으로 돌아갈 때, 장인 가족은 밀기울, 콩, 호박 등의 음식 꾸러미를 준비해서 그에게 건네주었다.

또한, 그들은 그의 아내와 아이들을 위해 염소를 한 마리 또 잡았다. 두 마을은 멀리 떨어져 있고 짐이 아주 무거웠기 때문에, 장인은 그에게 당나귀와 수레를 빌려주었다. 그가 편하게 집으로 돌아갈 수 있도록 아내의 여동생 중 한 명이 가는 길의 중간까지 배웅했다. 자신의 집에서 5km 정도 떨어진 곳에 이르게 되자 그는 아내의 여동생에게 밤이 오기 전에 집으로 돌아가라고 말했다. 서로에게 작별 인사를 하고 여동생은 언니에게 안부를 전해 달라고 말하며 돌아갔다.

갑자기 남자는 마을의 모든 사람이 굶주리고 있으며, 자신은 제법 많은 식량을 갖고 있음을 떠올렸다. 그리고는 이 식량을 혼자서만 가져야겠다고 마음먹었다. 그는 숲속에 식량을 숨기고 장인이 아무것도 주지 않았다고 아내에게 말하기로 했다. 그리고 식량을 싣고 온 당나귀는 멀리 쫓아버렸다.

그가 집에 도착하자, 자녀 중 한 명이 그를 보고는 먹을 것을 가져왔기를 기대하면서 달려왔다. 그는 아내와 아이들에게 다른 마을에도 가뭄이 들었다고 말했다. 서글픈 이야기를 전하면서 그는 배가 고픈 척을 했다. 아내는 남편이 친정에서 무언가를 가져올 것이라고 확신했기에 크게 낙담하고 말았다.

그날 밤, 남편은 슬그머니 일어나 숲으로 가서 음식을 요리해 먹었다. 아침이 되어 그의 아내가 지난밤에 어디를 갔었는지 묻자, 그는 배가 아파 숲속에 가서 배를 달래고 왔다고 대답했다. 아내는 그의 이야기를 믿었고 남편에게 미안함을 느꼈다. 며칠, 몇 주일이 지나도 남자의 배가 아픈 상태는 지속되었다. 하지만 이상하게도 갈수록 그는 점점 더 뚱뚱해졌다.

어느 날, 가축을 풀이 난 곳으로 몰고 가던 이웃 사람이 숲에서 연기가 나는 것을 보았다. 그는 한 남자가 하는 행동을 세심하게 바라보고 엿들었다. 그리고 자신이 꿈을 꾸는 것이 아님을 확인하기 위해 계속 서서 그의 행동을 쳐다보았다. 이웃에 사는 남자가 숲속에서 요리하는 것을 말이다. 그런 다음 그는 이웃집으로 달려가 그 남자의 아내에게 그녀의 남편이 숲에서 요리하고 있다고 말했다.

"그건 사실이 아니에요. 그럴 수가 없어요." 아내가 말했다.

"그이가 숲속에 있는 것이 사실이지만, 배가 아픈 것을 달래러 간 건데요." 그녀는 말을 이었다.

이웃 사람은 그가 아픈 것이 아니라 요리를 하며 노래하고 있다고 주장했다. 아내는 남편에게 친정으로 식량을 구해오라고 보냈지만, 그는 그 어떤 음식도 가져오지 않았다고 이웃에게 말했다. 그러다 남편이 친정에서 돌아온 이후 배가 아프다며 불평을 시작했지만, 또한 그가 살이 찌기 시작했다는 것을 떠올렸다. 어쨌든 그녀는 이웃 사람이 말해준 정보에 대해 고맙다고 말했다. 그녀는 들키지 않고 남편을 따라갈 계획을 세웠다. 아이 중 한 명에게 남편이 배가 아프다고 말할 때 아버지를 따라가 보라고 했다. 그녀는 아이에게 아버지가 눈치채지 못하게 따라가도록 당부했다.

다음 날 아침 11시경에 남편이 배가 아프다며 투덜대기 시작하며 숲으로 달려갔다. 아들은 아버지를 몰래 따라갔다. 그는 아버지가 불을 피우고 냄비를 씻어 불 위에 올려놓는 것을 보았다. 소년은 물이 끓기 시작하자 아버지가 냄비에 먹을거리를 붓는 것을 지켜보았다. 그때 그는 아버지에게 다가와서 이렇게 말했다.

"아빠가 하는 것을 지켜봤어요. 집에 가서 할머니 집에서 가져온 음식을 숲에다 숨겨 놓았다고 엄마에게 말할 거예요. 아빠가 모든 음식을 혼자 드시면서 우리를 굶어 죽게 놔둘 건가요?"

나쁜 행동을 하다 들킨 그는 아무것도 부정할 수 없었다. 그래서 그는 식량이 담긴 자루를 집으로 가져갔다. 그가 집으로 돌아왔을 때 그의 아내는 남편을 악마라고 말하며, 친정에서 음식을 가져왔음에도 어떻게 그녀와 아이들이 굶어 죽도록 놔둘 수 있는지 이해할 수 없다고 말했다. 그 남자는 가족에게 용서를 구했다. 그리고 가족 모두가 음식을 먹을 수 있었다. 아내는 그녀에게 사실을 알려준 이웃에게 고마움을 전했고 음식도 나눠 주었다. 다행히도 그녀의 남편은 그 이후로 나쁜 행동을 하지 않았다. 그는 친정 식구들에게 자신이 한 행동을 말하지 않은 아내에게 고마워했다.

어떻게 자칼이 할머니를 큰 냄비에 넣어 요리했을까
··· 스와질란드/민담

아무도 믿으면 안 된다는 말은 스와질란드의 어린이들에게 부모님과 할머니들이 가르치는 교훈이다. 이 말은 당신이 믿는 그 사람이 당신을 실망하게 할 것이라는 사실을 말해준다. 따라서 어른들은 그 누구도 믿어서는 안 된다고 강조한다. 이러한 사실을 이해하게 만드는 한 가지 방법이 있다면 하나의 설화를 통해서이다. 마나나 할머니 이야기는 가장 대중적인 이야기이기도 하다.

옛날에 네 명의 손자를 둔 할머니가 살고 있었다. 어느 날, 아이들이 학교에 간 사이에 할머니에게 자칼이 찾아왔다. 할머니와 자칼이 이야기를 나누던 중에 조금 지루해지자 자칼이 놀이를 하자고 제안했다. 할머니는 이 제안을 받아들였고, 자칼에게 어떤 놀이를 할 거냐고 물었다. 자칼은 그녀에게 각자 요리를 하는 놀이를 하면 좋겠다고 말했고 할머니는 동의했다.

'잘 되었군' 자칼은 속으로 생각했다. 그날까지 아무것도 먹지 못해서 배가 고팠던 자칼은 좋아했다. '이렇게 하면 하루 식사를 챙길 수 있는 거지.'라고 자칼은 생각했다.

할머니는 서둘러 일어나서는 불을 피웠다. 그러고 나서 그녀는 집에 있는 가장 큰 솥을 가지러 갔다. 불이 지펴지자 자칼은 자원해서 솥에 먼저 들어갔다. 그는 펄쩍 뛰어서 솥에 들어간 다음, 몇 초가 지나자 소리쳤다.

"이제 나갈래요, 할머니, 그렇지 않으면 익어버릴 것 같아요."

할머니가 솥뚜껑을 치우자 자칼은 솥 안에서 뛰어나왔다.

"이제 내 차례지."

할머니는 말했다. 그리고는 솥 안으로 들어갔다. 자칼은 솥뚜껑을 덮고는 옆에서 기다렸다.

"이제 되었어."

할머니는 소리쳤고 자칼은 솥뚜껑을 열었다. 이때 즈음 솥 안의 물은 막 끓으려 하였다.

"이제 내 차례지."

자칼이 말하고는 솥 안으로 들어가자 할머니는 뚜껑을 덮었다. 겨우 5초 정도가 지나자 자칼은 솥 안에서 나갈 테니 뚜껑을 치워달라고 소리쳤다. 할머니는 뚜껑을 열어야만 했고 자칼은 그 안에서 뛰쳐나왔다. 이때 솥 안의 물은 끓어오르는 시점에 도달했기에 할머니는 솥 안으로 들어가기를 꺼렸다.

"이제 할머니 차례잖아요."

자칼은 할머니에게 말했다.

"지금은 물이 너무 뜨겁지 않니?"

할머니는 자칼에게 물었다.

"그 정도는 아니에요."

자칼은 으르렁거리며 대답했다.

"내가 방금 안에서 나와서 알아요."

어쩔 수 없이 할머니는 솥 안으로 들어갔고 자칼은 뚜껑으로 솥을 덮었다. 그러자 할머니가 외쳤다.

"나를 꺼내줘. 산 채로 익어버릴 거 같아."

"내가 원했던 것이 바로 그거지." 자칼은 말했다.

"내가 어떻게 해서 하루 식사를 마련할 수 있었을까 궁금하지 않아?"

잠시 뒤에 할머니는 완전히 익혀져서 먹음직스럽게 되었다. 자칼은 자신의 생애 중에 가장 맛있는 요리를 어떻게 부를까 생각하면서 먹을 준비를 하였다.

오거를 숨겨주었다가 잡아먹힌 노파

··· 스와질란드/민담

오거들이 인간들과 같은 지역에서 함께 살았던 시절에 두 종족은 사이가 좋지 않았다. 두 종족 사이에는 믿음이 없었던 이유로 친밀한 관계를 유지하기가 어려웠다. 인간의 관점에서 오거는 절반만 사람이고, 나머지 절반은 괴물이었다. 이들은 언제라도 인간의 생명과 가축, 그리고 농작물을 파괴할 수 있었다. 사람들이 가진 공통의 생각은 오거를 사냥해서 완전히 멸종시키는 것이었다. 계속되는 사냥에 오거들은 인간에 대해 경각심을 가졌다. 그들은 인간을 적으로 여겼고, 기회만 있으면 인간들이 소유한 가축과 작물을 습격하였다.

인간과 오거 사이의 관계가 나빠졌기 때문에, 오거들은 밤에 사냥을 위해서만 은신처에서 빠져나왔다. 대부분의 오거들은 한 개의 눈을 가진 관계로 어둠 속에서 초점을 맞추기가 쉽지 않았다. 이들 중 일부는 오랜 굶주림으로 힘이 빠져 더는 사냥으로 먹을거리를 구하지 못하기도 했다. 두 종족 사이의 관계는 오해를 풀기 위해서 만날 수 없을 정도로 악화되었다. 숲속을 혼자 돌아다니는 사람을 발견할 때마다 오거들은 그들을 잡아 먹을거리로 삼곤 했다. 사람 중 하나가 오거에게 죽임을 당했다는 사실이 알려지면, 사람들은 당연히 보복하였다. 사람들은 숲으로 들어가 오거들의 은신처를 찾아 그들을 전부 죽였다.

한순간에 모든 상황이 마녀사냥으로 변질하여 인간이 언제 자신의 밭에서 일하는 것이 안전한지조차 알 수 없게 되었다. 밭들은 여기저기 멀리 흩어져 있었고 일하러 나가는 모든 사람을 보호한다는 것이 쉽지 않았기 때문이다. 밭으로 일하러 나가거나 들판으로 풀을 먹이러 가축을 몰고 나갈 때 발생할 수 있는 위험에 대비하기 위해 사람들이 모여 회의를 하게 되었다. 그들은 오거에게 습격을 받을 사람들을 보호할 수 있도록, 밭에 나갈 때마다 여러 명이 함께 가기로 결정했다. 그리고 들판으로 가축을 데려갈 때도 역시 방어를 위해 모여서 함께 가는 것이 중요하다는 의견도 받아들였다.

그런데 오거 한 마리가 회의가 열리는 장소 가까운 숲에 숨어서 이런 결정들을 엿들었다. 이 오거는 낮에 사냥할 수 없어서 굶주려 죽은 다른 오거들과 달리, 건강한 인간들이 그저 부러워 이 은밀한 장소에 자주 오곤 했다. 오거가 무리의 우두머리에게 이 소식을 전해 주었을 때, 그들 역시 밤새도록 회의를 하고 살아남기 위해서는 그들도 전술을 바꾸어야 한다고 결정했던 참이었다. 이러한 상황에서 해야 할 최선의 행동은 두려움 없이 인간과 싸워야 한다는 것이었다.

그 이후 오거와 인간, 양측 모두가 상처를 입는 수많은 싸움이 벌어졌다. 오거들에게 가까이 갈 수 있을 정도로 잘 무장한 인간 중의 일부는 지친 오우거들에게조차 공격을 받을 정도로 험한 싸움이었다. 사람들은 이렇게 피해가 큰 싸움을 다시 벌이지 않기 위해 무언가를 해야 한다는 것을 믿어 의심치 않았다. 다시 회의한 결과, 그들은 오거들을 은신처 밖으로 내쫓아 다 죽여야 한다고 결정했다. 이 결정에 따라 오거들을 기습한 첫날 밤, 사람들은 수많은 오거를 죽일 수 있었다. 살아남은 오거들은 사람들이 그 다음 날 다시 공격할 것으로 생각했지만, 아무 일도 일어나지 않았다. 며칠 밤이 지나도록 공격의 징후가 보이지 않자, 오거들은 죽은 오거의 수를 따져 보고서, 마침내 인간들이 자신들에게 가한 처벌이 충분하다고 결정한 것이라 생각했다.

하지만 오거들이 마음을 놓았을 때, 인간들이 다시 공격을 해왔다. 수컷 오거들이 맞서 싸우기 위해 나섰지만, 하나의 눈으로는 어두운 밤을 잘 볼 수 없었기에 그들 대부분은 죽임을 당했다. 계속되는 인간의 공격에 나머지 오거들도 죽음에서 벗어나기가 힘들어졌다. 그나마 살아남은 오거들은 숲 여기저기로 뿔뿔이 흩어졌고, 사람이 사는 마을 근처에서 오거들의 살 곳은 사라졌다.

마을의 오거들이 다 죽고 흩어졌을 때, 동굴에 숨어 살아남은 한 마리의 오거가 있었다. 이제는 오거로 인한 위험은 없을 것이라며 사람들이 의심을 거두었다고 판단한 오거는 밤이 되자 동굴에서 빠져나와 먹을 것을 찾아 마을로 갔다. 마을 사람들이 마음을 놓고 있음을 확인한 오거는 닭과 염소와 양을 잡기 시작했다. 사람들은 자신들의 가축이 없어졌다는 사실에 놀랐다. 그리고 회의를 한 결과 가축들을 훔쳐가는 인간 도둑이 있다고 결론지었다.

하지만 억수같이 비가 온 어느 날, 오거는 발자국 흔적이 진흙에 남겨질 수 있다는 것을 잊어버린 채 마을로 사냥하러 갔다. 오거는 염소 한 마리를 잡아 숲속 자신의 은신처로 돌아왔다. 양껏 식사한 후, 오거는 아침 일찍 먼 곳으로 떠났다. 오거의 발자국을 본 사람들은 흔적을 따라 숲속 동굴에까지 이르렀다. 그들이 그곳을 샅샅이 뒤졌지만 오거는 그곳에 없었다. 그러자 사람들은 덤불로 가려진 곳에 숨어서 오거를 기다렸다. 오거는 그날 밤에 돌아오지 않았다. 하지만 사람들은 계속 기다렸다. 다음 날이 되자 마침내 오거가 나타났고, 사람들은 모두 숨어 있던 곳에서 뛰어나와 오거를 추적하였다.

위험을 감지한 오거는 뒤돌아서 도망갔다. 남자들은 맹렬히 추격했고, 어느 순간 그들은 오거를 포위했다고 생각했다. 오거는 마당에서 일하는 한 할머니를 발견하고 자신을 숨겨달라고 부탁했다. 그 어떤 위험도 없을 것이라고 약속한 오거는 사냥꾼이 왔을 때 자신이 옆으로 지나갔다고 말해달라고 애원했다. 할머니는 오거의 말을 믿고 마른 잎 더미에 오거를 숨겨주었다. 오거를 맹렬히 추격해 온 남자들이 할머니에게 오거를 보았는지 물었다. 그녀는 오거가 매우 빠르게 도망갔다고 말하며 덤불을 가리켰다.

그녀가 가리킨 방향으로 남자들이 사라진 후, 오거는 숨은 곳에서 나와 얼굴색도 바꾸지 않고 할머니를 잡아먹겠다고 말했다. 할머니는 갑작스러운 상황 전개에 놀랐지만, 오거는 자신의 말대로 그녀를 먹어버렸다. 사냥꾼들이 돌아왔을 때, 그들은 피를 보고 무슨 일이 일어났는지를 바로 이해할 수 있었다.

염소치기 소년과 사자
··· 스와질란드/민담

아주 오래전에 한 여인이 아들과 함께 숲속에 살았다. 미망인이 된 여인은 아들에게 항상 어떻게 행동해야 하는지를 가르쳤다. 아들이 이웃 사람들의 심부름을 할 때마다 여인은 아들이 제대로 자라고 있다는 사실에 만족해했다. 마을의 삶은 곤궁했고, 장기간의 가뭄으로 인해 사람들은 변변한 먹을거리도 없이 살아야 했다. 유독 그 해는 혹독한 가뭄으로 심은 모든 작물이 말라버렸다. 메뚜기 떼가 지나가 모든 초록빛 식물이 사라졌고, 사람들은 들판의 풀들이 말라가는 것을 보았다.

이러한 고난은 특히 가축에게 치명적이어서, 여인은 먹을거리를 구하기 위해 아들을 다른 사람들의 가축을 돌보는 일을 하도록 자주 보내야 했다. 가뭄으로 가축을 지키는 일도 점차 힘들어져서, 아들은 가축들이 먹을 물과 풀을 얻기 위해 수 킬로미터를 걸어가야 하는 경우도 있었다.

소년에게 삶은 고문과 같았다. 왜냐하면, 아무것도 하지 않고 집에 앉아 있는 또래의 소년들과 자신을 비교하였기 때문이다. 그래서 소년은 어머니와 단둘이 사는 자신의 집안 사정에 대해 큰 불만을 품었다.

아버지가 오래 전에 돌아가셨기 때문에 자신이 홀어머니의 아이라는 사실을 끊임없이 기억해야 하는 것, 그 사실이 항상 그의 삶을 어렵게 만든 것이다. 그리고 아침 일찍 일어나 다른 사람들의 농가에 가서 온종일 가축을 지켜야만 하는 현재의 삶이 그의 가슴에 분노를 일으켰다. 어떤 때는 화를 참지 못해 오랫동안 울기까지 했다.

집으로 돌아가 그의 어머니에게 가축을 돌보고 있는 숲속에서 자신이 얼마나 외로웠는지에 대해 하소연도 하였다. 하지만 그녀가 할 수 있는 말은 그가 집안의 유일한 남자로서 그 책임을 다해야 한다는 것뿐이었다.

"얘야, 언젠가 네가 하는 일이 도움 될 수 있음을 알게 될 거란다. 특히나 요즘처럼 가뭄이 심할 때는 일하는 것 말고는 달리할 것이 없지 않니. 네 아버지가 일찍 돌아가시는 바람에 가난하게 살아야 하는 걸 어떡하겠니. 더군다나 이웃 부족과 싸우러 나갈 남자는 너뿐이고 말이다."

젊은이들이 이웃 부족을 침략하여 가축을 빼앗는 행위는 이 특별한 종족의 전통이었다. 가축은 신부의 몸값을 치르는 데 사용되었으며, 그리고 나서도 남는 가축이 있으면 그 소유자는 새 가정을 시작하는 재산이 되는 것이었다. 그리고 이러한 방법으로 사람들은 재산을 축적해 부자가 되는 기반을 마련하였다. 소년의 아버지는 이런 싸움에 나갔다가 독이 발려진 화살을 맞고 쓰러져 마을로 돌아오지 못했다. 마을의 동료들은 그를 구할 수 없었고, 결국 다른 부족의 전사들이 소년의 아버지를 죽여 마을 옆에 버리고 갔다. 비록 두 부족 사이의 싸움이 멈추고 평화가 이루어졌지만, 마을 사람들은 소년의 아버지가 평화를 이룩하는 과정에서 어쩔 수 없는 희생양이라고 치부하였다. 평화가 성취되기 전에 싸움에서 사람이 죽고 피를 흘리게 되는 것은 이상한 일이 아니었다. 평화를 위해서는 영향력 있는 마을 주민의 피가 흘려져야 한다는 것이 일반적인 믿음이었기 때문이다.

그러나 여인과 그녀의 아들을 괴롭히는 것은 아무도 이들의 처지에 관심을 두지 않았다는 점이다. 이런 혹독한 계절에 발생하는 문제가 있을 때면, 그들은 자신들만을 위해서 그리고 자신들의 먹을거리에만 신경을 썼기 때문이다. 이러한 사실 때문에 여인은 아들이 불평하는 것을 보고 들을 때마다 자신의 안타까운 감정을 숨겨야 했다. 그리고 그들이 살아가는 동안 이러한 상황은 변하지 않는 현실임을 그녀는 이해해야만 했다.

어느 날, 숲속에서 무료하게 앉아 있던 소년은 어떻게 하면 사람들의 관심을 끌 수 있을지를 생각하기 시작했다. 그가 판단하기로는 마을 사람들이 어머니와 자신을 너무 소홀히 취급했다. 또한, 겨우 하루치의 적은 식량으로 그들의 가축을 돌보도록 강요하는 것 말고도 그들은 어머니와 자신을 도울 방법을 알고 있을 것으로 생각했다.

하루는 소년이 돌보기가 유독 성가신 염소들을 지키게 되었다. 염소들은 여기저기로 풀을 뜯으러 돌아다녔고, 소년은 염소들이 맹수에게 잡아먹히지 않도록 염소들을 따라 다녀야 했다. 어느 날 이러한 삶에 너무도 화가 난 소년은 도와달라고 소리치기로 마음먹었다. 소년은 그가 낼 수 있는 가장 큰 소리로 사자가 가축을 공격하고 있으니 빨리 와서 도와달라고 외쳤다.

비가 내린 후여서 밭에 씨앗을 뿌릴 준비를 하던 사람들은 소년의 구조요청을 듣고 그를 구하기 위해 달려오기 시작했다. 창과 활, 그리고 화살을 가지고 그들은 사자를 공격하기 위해 뛰어갔다. 사람들은 소년이 사자에게 공격을 받고 있다고 생각했기 때문이다. 그러나 그들이 현장에 도착했을 때 사자의 흔적은 없었고, 사자가 가까이 다가왔지만, 그가 소리치자 도망쳤다는 소년의 설명을 듣게 되었다. 그 말을 듣자 사람들은 더는 소년에게 묻지 않고 자신들이 일하던 밭으로 돌아갔다.

며칠 후, 소년은 다시 도움을 청했고, 밭에 있었던 사람들은 그를 구하기 위해 급히 달려갔다. 하지만 이전의 경우처럼 그곳에는 아무것도 없었다. 마을 사람들은 불평 한마디 없이 조용히 자기들이 일하던 장소로 돌아갔다. 그러나 이런 일이 계속되자, 사람들은 소년의 행동이 실제로 위험한 일이 일어나지 않았음에도 자신들의 관심을 끌기 위해 한 것이라는 사실을 알아차렸다. 소년이 원하는 것은 언제나 사람들을 일터에서 양치는 현장으로 끌어내기 위함이 전부라는 사실을 깨닫게 된 것이다.

저녁이 되어 아들이 집으로 돌아오면, 그의 어머니는 아들의 행동을 멈추게 하려고 그를 설득했지만 소용없었다. 소년은 매일같이 사자가 그와 가축을 공격한다고 소리치면서 도움을 요청했다. 결국에는 소년의 거짓말에 지쳐버린 마을 사람들은 소년이 도움을 요청해도 무시하게 되었다. 하지만 그들이 소년을 무시하려 할수록 소년은 재미를 위해서 계속 구조를 요청하는 소리를 질렀다. 한 번은 마을 어른들이 그를 불러서 도움을 요청하는 소리를 외치지 말라고 경고했지만, 그는 조언을 듣지 않고 계속 같은 행동을 반복했다.

그러던 어느 날 소년이 가축을 돌보며 앉아 있을 때 정말로 숲에서 사자가 나와 그가 돌보고 있던 가축들을 공격했다. 그는 도와달라고 소리쳤지만 일하던 모든 사람은 소년이 다시 장난을 친다고 생각하며 그의 말을 무시했다. 가축들이 숲으로 흩어져 도망가고 잡아먹을 가축이 없음을 알게 된 사자는 동물만큼 빨리 달릴 수 없는 소년에게 다가갔다. 소년은 무서워서 울부짖었지만, 사자는 그의 몸을 갈기갈기 찢어 점심으로 먹어치웠다. 밤늦게까지 소년은 돌아오지 않았고 한 무리의 젊은 전사들이 그를 찾아 숲으로 갔다. 그러나 그들이 발견 한 것은 사방으로 흩어진 가축들의 모습이 전부였다. 그들은 소년이 평상시에 앉아 있던 곳에서 조각들로 흩어져 있는 인간의 살과 핏자국을 발견했다. 가엾은 소년을 도울 수 없었다는 점에 안타까워하면서도, 마을 사람들은 그가 했던 장난과 그 장난을 멈추라는 어른들의 조언을 절대로 귀담아듣지 않았던 소년이야말로 이 비극의 책임자임을 확인했을 뿐이었다.

친구의 나쁜 충고를 듣고 아내를 죽인 어리석은 남자
… 스와질란드/민담

오래전에 거주용 주택만 밀집된 마을에 살았던 사람들이 있었다. 농장은 숲속에 있었는데 사람들은 원숭이들로부터 농작물을 보호하기 위해 교대로 감시를 했다. 농작물을 거둘 즈음이면 경계를 안 서는 농장에 원숭이들이 침입했기 때문에, 그들은 몇 달 동안이나 애써 가꾼 농작물이 하룻밤에 파괴되지 않도록 감시하는 것이 그들의 일이었다.

한 번에 두 사람이 함께 농장을 감시하는 시스템이 적용되었다. 그러다 보니 감시하는 두 사람은 자신들의 가장 깊은 비밀을 공유하기에 충분한 시간을 갖게 되었다. 이 시간 동안 두 사람은 그들의 가족, 재산 그리고 미래의 희망에 관해서도 이야기했다. 또한, 그들은 재미있었던 일이나 다른 사람을 위로하면서 눈물을 흘렸던 경험까지도 서로에게 들려주게 되었다. 그러다 두 사람 중 한 명이 지난해에 자신이 겪었던 사건에 관해 이야기했다.

"내 친구들과 맥주를 마실 때는 말이야, 밖에 나가서 엄청나게 술을 마시곤 했거든. 특히 비가 오는 날에는 술 마시는 시간은 점점 길어졌지. 뭐, 언제나 그렇듯이 마누라는 늦게 들어온다고 바가지를 긁었고 말이야. 그러면 마누라에게 무슨 핑계를 대야 하나 고민하고 했는데. 그때가 생각나네. 항상 하는 옛이야기지만 말이야."

"그래서 어떤 핑계를 들었는데?" 친구가 물었다.

"나는 마누라가 쉽게 믿을 수 없는 거짓말을 하기로 했어. 그리고 그걸 믿고서는 계속 마셔 댔지. 자정이 지나서야 나는 집에 들어가기로 마음먹었지. 친구들은 밤새워 마시자고 했지만 나는 집에 가야 한다고 말할 수밖에 없었어. 왜냐하면, 마누라가 내가 집에 들어가려 했는지를 동네 아줌마들에게 물어볼 것 정도는 알았으니까 말이야. 비가 밤새도록 내렸지만, 마누라의 잔소리를 피하려면 집에 가야만 했지. 계속 걸어가다가 숲속에 도달했을 때 좀 쉬었다 가기로 했지. 집까지 가려면 한참이나 남았고, 쉬면 안 되는 데도 어쩔 수가 없었지. 바람도 많이 불었고, 또 우박까지 쏟아져서 걷기가 힘들었거든. 내가 세운 계획이 성공하기 위해선 어디서도 쉬면 안 되는 것이었지만 어쩔 수가 없었지, 뭐."

친구가 호기심이 나서 물었다.

"그런데 자네 도대체 어떤 계획을 처음에 세운 건데?"

"내 계획은 우선 집 근처에 술 마시기에 적당한 곳에 자리를 잡은 후, 근처에 개미집을 찾아내는 거였어. 그리고 거기서 오랫동안 마누라의 이름을 부르는 것이었지. 왜냐하면, 개미집은 내 집이 아니고 당연히 마누라는 거기 없을 테니까 말이야. 나는 개미집 근처 술 마시기에 적당한 곳으로 가서 밤새도록 술을 마셨지."

그는 계속 걸어가다가 개미집 근처 술 마시기 적당한 장소에 멈춰 서서는 그의 아내의 이름을 부르기 시작했다고 말했다.

"나는 그곳에 없는 마누라를 깨우려고 한 시간 가까이 보냈지. 그리고는 술 마실 수 있는 자리로 가서 맛있게 술을 마시기로 했지. 아침 일찍, 비틀거리며 집에 도착해서는 마누라에게 화를 내면서 소리쳤지. 문을 열어달라고 얼마나 소리쳤는데, 왜 문을 안 열어주었느냐고 말이지."

듣고 있던 친구가 말을 했다.

"자넨 여자를 아는군. 여자들은 큰 소리로 화를 내면서 말을 하면, 그 말을 믿으려고 하지. 자네 아내는 미안하다는 말 외에는 다른 말을 할 생각조차 못 했겠는데."

서로의 경험담을 나누면서 두 사람의 사이는 더욱 깊어졌다. 그들은 단짝이 되어 함께 어울려 다녔고 술을 마시러 갈 때도 꼭 붙어 다녔다. 우정이 깊어짐에 따라서 두 사람의 술 마시는 시간은 길어졌고, 밤늦게 까지 마시다 집으로 돌아가곤 하였다. 그때마다 그들은 잠자는 아내를 깨워 먹을 걸 달라며 귀찮게 했다. 이렇게 그들은 농작물을 망가트리는 원숭이들을 감시하면서 추운 밤을 보냈다. 하지만 그들의 두 아내는 남편들의 건방진 행동에 지쳐갔고, 남편이 집에 늦게 돌아오면 그 어떤 음식도 주지 않겠다고 다짐했다.

부부 갈등은 두 친구 모두에게 일어났다. 집에 늦게 돌아갔을 때, 그들의 아내가 음식을 제공하는 것을 의도적으로 거부했기 때문에 두 친구는 당황하기 시작했다. 그래서 술을 마시고 난 어느 날 밤, 그들은 자신들의 아내가 음식을 차려주지 않으면 작심하고 그녀들을 때려눕히기로 했다.

그러나 그녀들은 맞고 난 이후에도 꿋꿋하게 음식을 차려주는 것을 거부했다. 그러다 친구의 이야기를 항상 들어주던 남자가 자신의 아내와 솔직하게 대화를 하게 되었다. 이들 부부는 남편에게 음식을 차려주지 않는 것이 아내에게 아무런 가치도 없다는 결론에 도달했다. 그들은 휴전을 선언했고, 남편은 아무런 문제 없이 술을 계속 마실 수 있게 되었다. 하지만 그는 친구에게 이러한 변화를 말하지 않았으며 그들의 우정은 계속되었다.

어느 날, 음식을 차려주는 것을 계속 거부했던 아내를 가진 남자가 자신들이 아내들을 때려야 하며 설사 아내들이 죽게 되더라도 그들은 그래야 한다고 제안했다. 두 친구는 밤늦게 집으로 돌아갔다. 한 남자가 아내를 흠씬 때리는 동안 다른 한 사람은 무슨 일이 있었는지 그의 아내에게 설명하고, 아내가 살려달라고 우는 척하는 동안 빈 가방을 때리기 시작했다. 아내를 진짜 때리던 다른 남자는 친구의 아내가 울부짖는 소리를 듣는 순간 자신의 아내를 때리는 것을 멈출 수 없었다. 그는 다시 때리기 시작했다. 아내가 맞아서 죽을 위험에 처했지만, 다른 가정의 여인이 계속 울부짖자, 그는 죽을 때까지 계속 아내를 때렸다.

다음 날 아침, 그는 결국 아내를 때려서 죽음에 이르게 했고, 다른 남자 역시 같은 일을 저질렀다는 소식도 전해질 것으로 그는 예상하였다. 그러나 아무 일도 일어나지 않았다. 대신에 그는 자기 친구 부부가 자신에게 조의를 표하는 것을 보았다. 그때야 그는 자신이 속았다는 것을 알게 되었다.

엄마가 죽길 바랐던 철없는 소년

··· 스와질란드/민담

옛날에 마을 귀퉁이에서 아들과 함께 살던 과부가 있었다. 그녀의 남편은 아들이 어렸을 때 죽었기에 아들을 먹일 넉넉한 식량을 얻기 위해서 그녀는 다른 마을의 농장에서 일해야 했다. 때때로 여인은 아들을 농장으로 데려가서 근처의 숲에 있는 야생 과일로 허기를 채울 수 있도록 해주었다. 밭으로 일하러 갈 때마다 농장 주인은 그녀를 위해 먹을거리를 가져다주었지만, 여인은 그 어떤 음식도 먹지 않고 온종일 일만 하기도 했다.

저녁이 되어 집에 돌아온 여인이 가지고 온 음식을 요리해서 아들에게 주었지만, 그 양이 적어 소년은 배불리 먹은 적이 없었다. 한 끼의 식사를 할 때면 여인은 아들을 불 옆에 앉혀 놓고 왜 그들에게 먹을 것이 부족한지를 설명하였다. 그때마다 소년은 그의 어머니가 핑계를 대고 있다고 생각했다. 왜냐하면, 그가 마을을 돌아다닐 때면 식량으로 가득 찬 창고가 있는 다른 집들을 보았기 때문이다. 그는 왜 자기 집에는 곡물 창고조차 없는지를 항상 궁금해 했다. 이 가난한 과부는 사람들이 모두 평등하지 않다는 것을 아들에게 계속해서 들려주었다. 부자가 될 수 있는 특권, 곡물 창고에 더 많은 식량을 가질 수 있는 사람들이 있다는 사실, 그리고 온종일 고되게 일할지라도 벌이가 적어서 언제나 입에 풀칠이나 할 정도인 사람들도 있다는 것을 알려주려 하였다.

어느 날, 가까운 곳에 사는 큰 부자가 죽었다. 그의 죽음을 애도하기 위해 마을 전체의 일상이 정지되었다. 세상을 떠난 남자는 이 마을의 추장이었고, 장례식도 그에 걸맞게 거창하게 진행되었다. 이렇게 거창한 의식을 본 것이 처음이었던 소년은 순진하게도 장례식은 그저 사람들이 즐기는 축제라고만 생각했다. 먹을 음식이 가득하고 밤새도록 사람들을 춤추게 하는 음악이 있다는 사실 때문에 소년은 이러한 오해를 하게 되었다. 마을의 모든 사람은 이 모임으로 모여들었고, 매일 그들을 먹이기 위해 가축들을 잡았다.

자신이 살아오는 동안 배부르게 먹지 못했던 소년에게 장례식은 이상적인 삶의 모습이었다. 그는 장례식이 치러지는 동안의 모든 순간을 좋아하게 되었다. 소년은 또래의 다른 사내아이들과 함께 먹고 춤을 추며 재미있게 지냈다. 그 시간은 어머니가 일하는 동안 들판에서 하루 치 양식의 일부가 되는 야생 과일을 온종일 찾으며 시간을 보냈던 때와는 너무도 달랐다.

장례식은 일주일 동안 지속하였다. 그래서 사람이 죽을 때마다 마을 사람들이 먹을 수 있는 많은 음식과 춤이 있는 성대한 행사가 있는 것이라고 소년은 확신하게 되었다. 그는 죽은 사람이 부자였으며 또한 마을의 추장이었기 때문에 장례식이 성대하게 치러졌다는 사실을 이해하지 못했다.

장례식은 소년의 상상을 초월해서 진행되었고, 식이 끝나자 마을 사람들 모두가 오랫동안 춤을 추며 놀았다. 밤새도록 사람들은 노래하고, 춤을 추고, 먹고 마셨다. 장례를 치른 후에 죽음과 함께 따라오는 불운을 없애기 위해 축하 행사를 벌이는 것은 마을의 전통이었다. 또한, 그들이 이런 성대한 의식을 공들여 진행하는 것은 고인을 행복하게 다음 세상으로 떠나보내고 다음에 저승에서 그를 다시 만나기를 원하기 때문이었다. 더욱이 수많은 문상객을 맞이하기 위해 성대한 장례식을 치르는 것은 부자들에게 당연하였다. 하지만 장례식에 대해 엉뚱한 생각을 하는 가난한 소년에게 이번의 장례식은 깊은 인상을 심어 주었다.

장례식이 끝난 후, 마을 사람들의 삶은 일상으로 돌아갔다. 농장이 있는 사람들은 자신들의 농장으로 일하러 갔다. 가난한 과부 또한 아들과 함께 다른 사람의 농장에서 일하는 일상적인 생활로 돌아갔다. 그러나 과일을 찾아 먹는 대신에 소년은 나무 아래 앉아서 장례식과 함께 제공된 음식을 떠올렸다. 그는 마을 사람들이 함께 모여 춤을 추고 먹는 순간을 그려봤다. 그의 삶 중에서 가장 큰 행사였던 장례식에서 소년은 음식과 춤을 보았을 뿐, 슬픔은 찾지 못했다.

몇 달 후, 다른 부자가 나무를 자르다 우연히 부러진 나뭇가지에 맞아서 그 자리에서 죽는 일이 생겼다. 그리고 장례식의 모든 과정이 반복되었다. 일주일 내내 춤과 음악으로 마을이 가득했다. 사람들은 또 한 번 가축들을 잡았고 장례식을 치르면서 시간을 보냈다. 이 두 번째 사건으로 인해 소년은 장례식과 죽음으로 인해 많은 음식이 나왔음을 확신할 수 있었다. 이전 장례식에서 일어났던 것처럼, 사람들은 애도 시간이 끝난 후에 흩어져서 자신들의 일상으로 되돌아갔다.

그때부터 소년은 어머니가 들판에서 일할 때 몽상을 하게 되었다. 소년은 죽음에 대해 생각하고, 그의 어머니가 죽어 가고 있다고 생각하며 장례식 기간의 그 풍요로운 먹거리를 떠올리며 즐거워했다. 어느 날, 어머니가 아파서 일을 못 나가서 먹을 것을 가져오지 못했을 때, 소년은 장례식을 치르면 먹을 거라도 있을 거라며 어머니가 죽기를 바란다고 큰 소리로 말했다. 아들의 말을 듣고 어머니는 너무 화가 나서 울음을 멈출 수가 없었다. 그녀는 욕심 많은 아들이 음식을 먹고 싶어서 장례식을 말했음을 알고 있었기에 더욱 슬프게 울었다. 그녀는 아들에게 자신이 죽는다고 해도 음식도 장례식도 없을 것이라고 말했다. 그들은 가난했고 하루하루를 연명할 정도의 음식도 겨우 마련했으며, 문상객들에게 대접할 수도 없다고 설명했다. 하지만 소년은 어머니가 죽는다면 그러한 것은 아무런 문제가 아니라고 고집을 피웠다.

  날이 갈수록 어머니는 병으로 여기저기 탈이 나기 시작했다. 그녀는 병 때문에 고통스러워했으며, 음식을 먹지 못해 몸은 더 쇠약해졌다. 일주일 후, 그녀는 사망했고 이틀 후에 간단한 장례식이 치러지면서 모든 것이 정리되었다. 소년은 혼자 남겨졌다. 먹을 것이라고는 아무것도 없었고 살아남기 위해 가축을 지키는 일을 찾아야만 했다. 그는 장례식은 즐거움이 아니라 떠난 사람과 돌아오지 않는 사람에 관한 것이었음을 그제야 알게 되었다.

첫 식사를 잊을 수 없었던 어린이 손님

··· 스와질란드/민담

오래전 아프리카 대륙에 파리를 맛있게 먹는 종족이 있었다. 일부 지역에서는 이 맛을 즐겼지만, 파리를 먹는 사람들을 받아들이지 않는 종족도 있었다. 그들은 파리가 더러운 곤충이라는 믿음을 가지고 있었기 때문이었다. 그런데도 이런 상충하는 믿음이 장터나 놀이터 공간에서 만나는 다른 부족의 사람들과 친구가 되는 것을 막지는 못했다.

먹거리에 대한 취향이 다른 두 부족의 남자가 종종 강변에서 만나게 되었다. 그들 중 한 명은 들끓는 파리 떼를 싫어했지만, 다른 남자에게 파리는 특별히 맛있는 음식이었다. 그는 파리를 잡아서 날이 저물면 집으로 가져갔다. 이 남자는 점점 더 많아지는 파리 떼 때문에 계속해서 불평하는 친구가 자신이 파리를 잡아 모으는 것을 보지 못하도록 숨어서 파리를 잡았다.

오랫동안 친구로 지낸 두 남자는 파리를 싫어하는 부족 남자의 아들이 다른 남자의 집을 방문토록 함으로써, 둘 사이의 우정을 다질 수 있을 거로 생각했다. 두 사람은 아들이 강변에 올 수 있을 날을 정하고는, 그날 친구의 아들을 데려가기로 했다. 아들은 이 소식을 듣고 무척 좋아했다. 그것은 가축을 돌보는 잡일에서 벗어날 기회가 되기 때문이었다.

아버지의 친구 집에서 맞이한 첫날의 기쁜 감정은 소년이 평생 결코 먹어 본 적이 없는 요리, 즉 파리 요리를 먹고 나서 완전히 사라져 버렸다. 소년이 파리 요리를 먹고 나서 안색이 변한 이후에야, 그 집의 안주인은 소년이 속한 종족은 파리를 식용으로 삼지 않는다는 사실을 확인했다. 그래서 그들은 더 맛있는 식사를 준비해서 소년이 받은 첫날의 충격을 잊어버리게 되기를 기대했다. 하지만 소년은 그 충격을 결코 잊지 못했다.

집으로 돌아가기 전날, 소년을 초청한 부부는 그를 앞혀 놓고, 집에 돌아가면 부모에게 무슨 말을 할 것인지 물어보았다. 집으로 돌아갈 생각에 기뻐서 소년은 부모님에게 이들 부부가 얼마나 기쁘게 자신을 맞이했고 친절하게 자신을 돌봐 주었는지를 말하겠다고 대답했다. 첫 식사의 기억을 잊어버렸다고 생각한 부부는 소년을 위해 특별히 준비했던 파리 요리에 대해 직접 언급하는 것을 잊어버렸다. 하지만 소년이 어떻게 식사를 했는지 좀 더 자세하게 물어보면서, 소년이 파리 요리를 잊지 않고 있음을 알게 되었다. 그리고 이 소년이 부모에게 별미인 파리가 올려진 첫날의 식사를 당연하게 설명하게 될 것을 확신했다. 그리고 이러한 고백이 두 가족 사이에 존재하는 우정을 깨트리게 될까 낙담하고 두려웠던 부부는 소년에게 며칠을 더 머물라고 요청했다.

소년은 며칠을 더 그 집에서 머물게 되었다. 하지만 그의 부모에게 이들 부부의 집에서 어떻게 지냈는가를 이야기할 때, 파리 요리가 그가 맛보았던 새로운 음식 리스트의 첫 줄을 차지할 것이라는 사실은 확실해 보였다. 비록 이들 부부가 그 사실이 소년의 기억에서 지워졌기를 기대하며 소년에게 집에 도착해서 그의 부모에게 무슨 말을 할 것인지를 물어보았지만, 소년은 지난번과 같은 반응을 보였다. 즉 파리 요리가 그가 먹은 요리 중에서 가장 기억에 남아 있다는 사실은 변하지 않았다. 집으로 돌아가는 일정을 몇 번이나 연기하였기에 부부는 소년이 떠나도록 하고, 나머지는 운명으로 남겨 둘 수밖에 없다고 생각했다.

소년이 집에 도착했을 때, 그는 부모에게 어떻게 지냈는지를 말했다. 소년은 방문 첫날에 그에게 제공된 파리 요리를 설명하면 그의 부모가 놀랄 것으로 생각했다. 그렇지만 그의 부모는 마음속으로만 실망하고 분노했을 뿐, 아들 앞에서는 아무 말도 하지 않았다. 왜냐하면, 이런 일들에 대해 아이들 앞에서 이야기하는 것은 부족의 전통을 깨트리는 것이었기 때문이다. 또한, 이런 일로 해서 부족 사이의 갈등이 깊어지는 것을 아들에게 보여주기를 원하지도 않았다. 부부는 둘이서 이 일에 관해서 이야기하다가 원로들에게 보고하기로 했다.

파리를 음식으로 먹는 것이 다른 부족에게는 금기였기 때문에, 이 문제가 두 부족 간에 전쟁으로 이어질 가능성이 있었다. 다행히 두 부족의 원로들이 만나서 이번 일로 초청한 부부를 처벌하지 않는 것으로 합의했다. 왜냐하면, 소년을 초청한 부부는 상대 부족의 음식 취향을 잘 모르고 파리 요리를 제공했기 때문이었다.

소년의 부모는 두 부족이 전쟁으로 치달리는 대신에, 소년을 초대했던 부부에게 이 모든 일에 대해 자신들이 가졌던 불쾌함을 표현하는 메시지를 전달하는 것이 낫다고 판단했다. 그들이 일부러 그런 것은 아니며, 소년이 그것을 먹은 후에야 소년이 속한 부족이 파리를 먹는 것을 용인하지 않는다는 사실을 알게 되었음이 판명되었다.

끔찍했을 부족 간의 전쟁은 벌어지지 않았다. 소년의 부모가 감내하지 못했을지도 모르는 이 문제를 외교적 방법으로 해결했기 때문이었다. 이러한 상황이 부족 사이 공격의 빌미를 제공할 뿐만 아니라 적지 않은 위해를 가하는 문제를 일으켰음에도 불구하고, 이들 두 가족은 그들의 우정을 더욱 돈독히 했고 서로를 더욱 이해할 수 있는 계기로 삼았다. 이러한 친선 관계는 견고해졌으며, 두 아빠가 강가로 가서 낚시할 때마다 그들은 다른 이가 어디에서 왔는지를 잘 이해하게 되었다. 다음에 다른 낚시꾼의 아들이 아버지의 친구 집에 방문할 차례가 되면, 그 아이는 자신이 속한 종족에서 허락하지 않은 것을 먹지 않도록 조심스럽고 명확하게 주의를 받을 것은 분명하다.

토끼를 술책으로 이긴 거북

··· 스와질란드/민담

　많은 동물은 토끼가 숲에서 가장 영리한 동물이라고 생각했다. 어떤 이들은 이러한 이유로 토끼를 인정했지만, 또 다른 이들은 토끼는 단지 건방진 동물이며 토끼가 명성을 얻으려 장난을 치거나 다른 동물을 놀림감으로 만든다고 주장했다. 몇몇 동물들이 이 작은 토끼를 경멸했음에도, 그 누구도 그런 말을 토끼에게 말할 수 있는 용기를 가지진 못했다. 그것은 동물 대부분이 토끼에게 도전했을 때 이 작은 동물로부터 괴롭힘을 받을 것이라는 두려움 때문이었다.

　동물 중에서 토끼를 정말로 인정하지 않는 이는 여우였다. 여우는 토끼가 그 누구에게도 영리함을 인정받을 수 있는 거라곤 아무것도 없는, 그저 장난이나 치는 보잘것없는 동물이라 생각했다. 모든 동물이 모인 자리에서 여우는 일어나 토끼에게 공개적으로 자신과 경쟁을 해서 누가 더 뛰어난지를 밝히자고 제안했다. 그러면서 다른 동물들에게 도대체 토끼가 무엇을 할 수 있느냐고 말했다.

　"여기 있는 그 누구보다 나는 더 빨리 달릴 수 있어."

　토끼는 뻔뻔스럽게 선언했다.

　동물들은 스스로 나선 이 꾀많은 토끼보다 더 빨리 달릴 수 있는 동물이 누가 있는지를 찾으려 숙덕거렸다. 여우가 재빨리 튀어나와, 동물들이 정한 날에 토끼의 말이 증명되어야 한다고 선언했다.

 그렇지만 여우는 이 달리기 경주로 토끼가 다른 동물보다 낫다는 것을 증명하기에는 부족하다고 말했다. 동물 대부분이 서툴고 느리다고 생각하는 거북이가 일어났다. 거북이는 자신은 들판에 구멍을 파서 땅콩을 심고 많은 수확할 수 있다고 말하면서, 토끼는 이 일을 하지 못할 것이라고 주장했다. 이 제안은 만장일치로 받아들여졌고, 자기 아들이 음식은 먹고 싶어 하면서도 일하는 것을 싫어하는 게으름뱅이라고 생각한 토끼의 엄마까지 회의에 참석해서 다른 동물의 의견에 동조했다.

 그래서 동물들은 달리기 시합 날짜를 정했다. 토끼를 싫어하는 몇 마리의 동물들도 토끼가 자신이 주장한 것처럼 그렇게 뛰어나지 않다는 것을 확인하기 위해 경기에 참여했다. 많은 동물은 거북이까지 경기에 참여하는 것을 보고 놀랐는데, 거북이가 느리다는 것이 모두의 생각이었기 때문이었다.

 하지만 거북이에게는 다른 동물들이 생각하는 이상으로 뛰어난 계획이 있었다. 그는 자신의 형제들을 소집해서 그들을 중요한 위치에 배치했다. 하나는 출발 위치에 배치했고 다음은 3분의 1의 위치, 다른 하나는 중간 지점, 나머지 하나는 4분의 3의 위치, 그리고 자신은 결승선 위치로 가기로 했다.

 시원한 아침 시간, 경주에 참여한 다른 동물들이 예선에서 탈락하고 무대에는 거북이와 토끼만이 남아 있었다. 숲의 왕인 사자가 경주의 시작을 알리자, 토끼는 번개가 치는 속도로 달려 나갔다. 첫 번째 거북이가 토끼를 얼마 동안 뒤쫓다가 슬그머니 숲속으로 사라져서 집으로 돌아갔다.

　토끼가 경주의 3분의 1의 위치에 도달했을 때, 자신보다 앞에서 느릿하게 달리고 있는 거북이를 발견했다. 토끼는 출발선에서 번개처럼 빠르게 달려 뒤에 떨구어 놓은 거북이가 자신보다 앞에 있다는 것을 보고 있다는 현실을 믿을 수가 없었다. 토끼는 속도를 내서 거북이를 앞질러 가며 자신이 기록을 세우는 중이라고 생각했다. 반환점에서 토끼는 다시 한번 자신보다 앞에 있는 거북이를 보게 되자 매우 불안해졌다.

　"도대체 어떻게 이 느림보 동물이 번번이 내 앞에 있을 수 있는 거지?"

　그는 무척이나 궁금해 했다.

　토끼는 다시 한번 속도를 내서 자신의 역할을 완수한 다음번 거북이를 추월하였다. 토끼가 도착할 시간이 가까이 왔음을 알고 있던 마지막의 진짜 거북이는 숨어 있었던 수풀에서 나와 결승선을 통과했다. 결승점에 모여 있던 동물들이 거북이의 승리를 환호와 박수로 맞이했음은 물론이다.

　토끼가 도착했을 때는 축하 행사가 이미 시작되었었다. 달리기 경주 1등이라는 휘장을 두르고 의자에 편안하게 앉아 있는 거북이를 본 토끼는 그 사실을 믿을 수가 없었다. 그는 숲으로 사라졌고 한동안 어떤 동물도 토끼의 소식을 들을 수가 없었다.

　하지만 동물들은 이것이 토끼를 마지막을 보는 것이 아니라는 사실을 알고 있었다. 그리고 토끼가 새로운 재주를 가지고 나타나게 될 때, 또다시 그의 허풍이 시작되고, 아울러 그의 천적인 거북이와 또 다른 시합이 남아 있다는 것을 알고 있었다.

예상했던 것과 같이 토끼는 은신처에서 나와 달리기 경주에서 다른 동물들이 합심해서 자신을 속였다며 비난하기 시작했다. 하지만 사자는 두 번째 시합이 시행될 것이라고 신속하게 공표했다. 그리고 모든 동물은 이 시합이 토끼에게 매우 힘들 것으로 판단했다. 왜냐하면 모두에게 알려졌듯이, 토끼는 오직 말만 앞설 뿐 일하는 것에는 무능력한 게으른 동물이기 때문이다.

어쨌든 두 동물에게 숲 깊은 곳의 땅이 주어졌다. 그곳에서 일정 시간 안에 숲을 정리해서 씨앗을 뿌려 가꾸는 것이 두 동물의 임무였다. 이른 아침에 일어난 토끼는 엄마에게 점심을 받아서 숲으로 향했다. 그는 숲의 어딘 가에 도착하자 자리를 잡고 앉아 음식을 먹고 놀기 시작했다. 저녁이 되어 돌아갈 시간이 되자 토끼는 젖은 흙을 손과 발에 묻히고는 집으로 향했다. 아들의 더러운 손과 발을 본 엄마는 그가 엄청난 양의 일을 했다고 생각했다.

한편 거북이는 다시 한번 형제들을 불러 모아 모두 함께 매우 힘들게 일했다. 곧 그들은 숲을 정리하는 것을 끝내고, 구멍을 깊게 파서 씨앗을 심었다. 하지만 토끼는 매일매일 같은 일상을 보냈다. 그는 엄마 토끼에게 자신이 얼마나 힘들게 일하고 있는지를 말할 뿐이었다.

밭의 잡풀을 뽑아야 하는 시기가 왔어도 같은 일이 반복되었다. 엄마 토끼는 아들이 열심히 일하고 있다고 확신했지만, 추수할 때가 오면 어떤 놀라운 일이 그녀에게 일어날 것인가에 대해 상상을 하지 못했다. 하지만 꾀가 많은 아들은 수확의 시기에 무슨 일을 해야 할지는 생각하고 있었다.

작물이 다 여물었기 때문에 두 동물 모두 수확을 시작해야 한다고 발표되었다. 하지만 다른 동물들이 생각하지 못한 점은, 숲에 가서 어떤 작물이 수확을 기다리고 있는가를 확인하지 않았다는 것이다. 다행스럽게 거북이는 밭으로 가서 땅콩을 거둬서 동물들 앞으로 가져왔다. 토끼는 숲으로 가서 자신이 어떻게 해야 할지 생각했다. 결국 토끼는 모든 동물들이 모두 회의 장소에 있으니, 쉽게 사자의 밭으로 가서 땅콩을 수확해서 자기 것처럼 행세하기로 했다. 그는 동물들에게 자신의 수확물을 자랑스럽게 보여줄 속셈이었다. 하지만 영리한 여우는 토끼를 뒤쫓아 가서 어떤 일이 벌어졌는지를 모두 보았다. 여우는 회의 장소로 달려가서 그 일에 대해 보고했다.

토끼가 땅콩을 짊어지고 모임 장소에 도착하자 동물들이 일어나 토끼를 죽을 정도로 때렸다. 토끼는 마을 한가운데 우물을 파는 벌칙을 받았다. 그는 너무 당황하여 그 이후로 다시는 누군가에게 도전하지 않게 되었다.

마을에서 가장 아름다운 여자와 결혼한 오거

··· 스와질란드/민담

　옛날 옛적에 큰 마을 옆 넓은 숲 안에 못생긴 오거가 살고 있었다. 이 마을에는 다른 마을의 전사들을 아주 쉽게 이겨내는 용맹한 전사들이 있었다. 또한, 오거가 직접 보지는 못했지만, 매우 아름답다고 소문난 여인들도 살고 있었다.

　가장 아름다운 처녀들이 숲으로 들어가 자신들의 순결을 확인하는 시기가 돌아왔다. 이 시험을 통과하면, 처녀들은 장작을 모으는 것과 숲을 가로지르는 강에서 깨끗한 물로 목욕하는 것이 허락되었다. 오거는 여인들이 의식을 치르기 위해 숲에 왔던 지난 두 번의 기회를 알지 못했다. 그래서 오거는 여인들이 순결을 확인한 이후 장작을 모으기 위해 숲에 들어왔을 때, 그녀들을 볼 기회를 놓쳤었다. 그런데 이번 의식에는 마을에서 가장 아름다운 여인인 추장의 딸이 참여하게 되었다. 그래서 경비가 더욱 삼엄해졌다. 그래도 오거는 한순간이나마 아름다운 여인들을 볼 수 있을 것인지 사뭇 기대하고 있었다.

　추장에게는 딸이 유일한 자식이었다. 전통에 따라 그녀와 결혼하는 사람이 다음번 추장으로 내정될 것이었다. 이 마을의 용맹한 전사들은 추장의 딸과 혼인을 해서 마을의 차기 지도자가 될 수 있기를 간절히 바랬다. 그들은 훈련이 없거나 마을의 오두막을 짓는 일이 없을 때면, 추장에게 잘 보이기 위해 그의 밭에 가서 잡초를 뽑고 가축들을 들판에 몰고 가 풀을 뜯게 하였다. 그들은 모두 마을의 여인들이 숲에서 나오는 날을 손꼽아 기다렸고, 자신들이 구혼자로 선택되기를 바랐다.

오거는 마을 밖 외지인들은 구혼자가 될 수 없다는 것을 알게 되었다. 마을 사람들이 알고 있는 누군가가 추장이 되어야 한다는 규칙이 있었다. 그래야만 그가 추장이 되었을 때 사람들이 그를 따를 것이기 때문이다.

오거는 예전에 자신을 도와주었던 '잉양가'에게 갔다. 오거는 그에게 조언을 구했고, 다음날 다시 오라는 말을 들었다. 잉양가는 마을의 소문에 대해 조사해본 결과, 이 마을에서 가장 용맹한 전사 중 한명이 다른 부족과 싸우러 갔다가 돌아오지 않았다는 것을 알게 되었다. 그의 시신은 발견되지 않았고 두 마을 사이에 평화가 체결된 이후에도 이 젊은 전사가 어디에 있는지 아무도 몰랐다. 이러한 소식을 듣고, 오거는 멀리 떨어진 마을에서 많은 가축을 훔쳐왔다. 그것은 잉양가가 오거에게 시킨 것이었는데, 이 가축들은 눈이 하나 달린 못생긴 오거를 모든 사람이 좋아할 만한 잘생긴 전사로 변신하는 데 쓰일 것들이었다.

여인들이 숲으로 들어갈 시기가 다가왔기 때문에, 변신 작업은 가능한 한 빠르게 시작되었다. 외양을 감추기 위해 오거는 다양한 종류의 약초들을 발라야 했다. 몇 주 동안의 이 작업이 진행된 후에 다음 단계의 작업이 시작될 수 있었다. 잉양가는 그 전사가 어떻게 생겼는지를 몰랐다. 그래서 그는 전사와 닮은 완벽한 모습을 만들기 위해 조상들의 도움도 받았다. 결과적으로 오랜 시간 동안 마을 사람들과 떨어져 있었기 때문에 전사의 행동이 바꾸었다는 사실을 마을 사람들이 이해할 것이라는 결론에 이르렀다. 몇 주가 지나자 잉양가는 작업을 완료했다. 그리고 오랫동안 잊혔던 전사가 성공적으로 마을로 돌아갈 시간이 되었다. 잉양가는 사람들이 마을로 귀환한 이 전사를 영웅으로 환영할 것이라고 확신했다.

전사로 위장한 오거가 마을로 돌아가는 날, 사람들이 자신의 눈을 믿을 수가 없었다. 그가 죽었다고 생각한 사람들의 눈에 질투의 감정이 떠올랐다. 왜냐하면 그는 강력한 추장 후보였기 때문이다. 전사는 당당하게 자신의 부모가 소유했던 집으로 걸어가서는 그의 도착을 알렸다. 그의 부모는 그가 돌아왔다는 사실을 알자 크게 기뻐했다. 그리고 그의 귀환을 축하하기 위해 큰 잔치를 준비했고 모든 사람을 초청했다. 마을을 떠나기 전에 그는 약간 무례한 사람이었다. 하지만 다시 돌아온 지금, 그는 친절했고 겸손했다. 그는 아주 소수의 사람과 대화했고, 매일 아침 일어나면 추장의 집에 찾아가 여러 가지 어려운 일들을 도와주었다.

마을의 모든 사람이 그의 새로운 성격에 관해 이야기하기 시작했고 그가 겪었던 어려움이 마을의 차기 추장이 될 준비를 하는 데 도움이 되었다고 말했다. 마침내 여인들이 숲에 가야 하는 날이 다가왔다. 그제야 그는 추장의 아름다운 딸의 모습을 보고 또 보게 되었다. 그리고 시간이 갈수록 그녀에게 빠져들었다.

당연하게도 그는 여인들의 처녀성을 확인하는 과정 동안 야생동물이나 적대적인 마을의 사람들에게 방해받지 않도록 경비를 서는 전사 그룹의 일원으로 선정되었다. 그들은 이틀 동안 숲의 가장자리에 앉아서 경비를 섰다. 마침내 의식이 끝나자, 모든 여인이 나와서 장작을 모으는 과정을 시작했다. 모두가 알게 된 이 유명한 전사의 귀환으로 자신들의 처지를 알게 된 다른 전사들은, 추장의 딸이 아닌 다른 여인들을 미래의 배우자감으로 고르기 시작했다. 마침내 여인들은 마을로 돌아왔고, 일상의 생활이 정상적으로 이어졌다. 하지만 암암리에 추장의 딸과 결혼하게 될 사람이 정해졌다. 당연하게도 최근에 숲에서 마을로 돌아온 전사가 그 주인공이었다.

마침내 추장의 딸과 결혼하게 될 전사가 발표되었다. 결혼식이 준비되었고 날짜가 결정되었다. 결혼식은 마을의 전통에 따라서 진행되었다. 그런데 첫날밤이 되자, 오거를 잘생긴 전사로 변신시켰던 마법의 힘이 빠져나가기 시작했다. 배가 몹시 고팠던 오거는 잠을 자는 대신에 밖으로 나가 어둠 속에서 뼈다귀를 찾았다. 신부는 뼈를 씹는 커다란 소리에 잠에서 깨었다. 그리고 밖에서 무슨 일이 일어나고 있는지 훔쳐보았다. 그녀가 본 것은 자신이 결혼한 잘생긴 전사 대신 뼈를 씹어 먹고 있는 외눈박이의 괴물이었다. 그녀는 자신의 눈을 믿을 수가 없었다. 그러나 그녀는 무엇인가 잘못되었다고 생각하고, 그를 방해하지 않았다.

다음 날 두 사람이 잠에서 깨었을 때, 그녀는 아무것도 못 본 것처럼 행동했다. 밤이 되면 그는 밖으로 나가 뼈들을 집으로 가지고 왔다. 그리고 오거로 돌아가서 그것을 씹어 먹기 시작했다. 신부는 참을 수가 없었고, 다음 날이 되자 어머니에게 가서 모든 것을 말했다. 추장의 부인은 즉시 추장에게 이 말을 전했고, 추장은 직접 어둠 속에서 숨어서 지켜보기로 했다. 그날 밤, 오거는 여느 때와 같이 집밖으로 나가 뼈를 가지고 돌아왔다. 그는 본래의 모습으로 돌아와서 뼈를 씹어 먹기 시작했다.

딸이 위험에 빠졌다고 확신한 추장은 더 이상 참을 수가 없었다. 그의 딸은 머지않아 더 큰 위험에 빠질 것이었다. 결혼식을 치르고 남은 음식물들을 마을 곳곳에서 다 찾아 먹은 후에 오거가 할 행동은 바로 자신의 배우자인 추장의 딸을 잡아먹을 것이기 때문이다. 추장은 전사들을 불러서 집을 포위하고, 오거가 뼈를 씹어 먹기 시작하자 집으로 들어가 그를 사로잡았다.

배고픈 사자에게 만찬을 마련해준 꾀 많은 토끼
… 스와질란드/민담

아주 오래전 어느 날, 사자가 작은 토끼를 잡았다. 너무 굶주렸던 사자가 토끼를 한입에 먹으려 하자, 겁에 질린 토끼가 말했다.
"당신은 왜 입에 침만 고이게 하려 하세요?"
토끼가 이렇게 물었다. 사자는 혼란스러워졌다.
"네가 고기가 아니란 말이냐?"
사자는 토끼에게 되물었다.
"물론, 저는 고기죠. 하지만 저는 너무 작고 얇아서 당신은 저를 먹어치우자마자 곧바로 배고파질 텐데요. 차라리 저와 같이 사냥을 가서 더 큰 것을 발견할 수 있는지 보실래요?"
사자는 이 말이 꽤 재미있다고 여겼다.
"너랑 사냥한다고? 이렇게 작은 체격으로 말이냐? 어떻게 잡으려고 하는데?"
토기는 비웃음을 무시하고 말했다.
"우리는 사람들이 사는 마을로 갈 거예요. 만일 큰 가축을 잡지 못한다면, 그땐 기꺼이 당신에게 저를 바칠게요."
그래서 둘은 마을을 향해 출발했다. 마을 끝 울타리에 앉아서, 사자와 토끼는 마을에 움직이는 사람이 없을 때까지 기다렸다. 토끼는 울타리를 뛰어넘어 소가 있는 외양간으로 들어갔다. 토끼가 소들을 건드리자, 소들이 외양간 안에서 움직이기 시작했다. 토끼는 너무 작아서 소들은 무엇이 자신들을 못살게 구는지 알 수가 없었다. 소들이 잠을 자려고만 하면, 토끼는 되돌아가서 다시 장난을 시작했다. 결과적으로 소들은 더 이상 참을 수가 없어서 미친개에게 물린 것처럼 외양간 안에서 뛰어다니기 시작했다.

소의 주인은 창을 들고 오두막에서 나와 무엇이 자신의 가축들이 잠자는 것을 방해하는지 살펴보았다. 하지만 그는 이 꾀 많은 토끼를 발견하지 못했다. 이런 일들이 벌어지는 동안, 사자는 울타리 밖 어딘가에 안전하게 머물면서 자신이 외양간 안으로 들어갈 차례를 기다리고 있었다.

아무것도 잘못되지 않았다는 것을 확인하고 만족한 주인 남자는 다시 오두막으로 돌아가 잠을 청했다. 토끼는 다시 소들을 괴롭혀 광란에 빠지게 했지만, 주인은 신경도 쓰지 않은 채 집에서 나오지 않았다.

그제야 토끼는 아무것도 걱정하지 말라며 사자에게 들어오라는 손짓을 했다. 들판의 제왕, 사자는 가장 뚱뚱한 황소를 잡아 외양간을 빠져나왔다. 다음 날 아침, 주인 남자가 자신의 소 중에서 가장 살찐 황소가 사라진 것을 발견했지만 너무 늦어버렸다. 그는 누가 황소를 죽였는지 흔적조차 발견할 수 없었다. 다시 한번 토끼는 자신이 설득의 지존일 뿐만 아니라, 머리의 크기가 중요하지 않다는 사실을 입증하였다.

너무 늦게 교훈을 얻은 토끼

··· 스와질란드/민담

　옛날 옛적에 엄마 토끼와 아들이 살았다. 여러 달 동안 비가 오지 않아서 모든 동물은 밤에 사람에게 가서 음식을 얻기로 했다. 많은 동물이 굶어 죽었고, 살아남은 동물도 거의 없었기 때문이다. 엄마 토끼는 열심히 일했다. 그녀는 아들의 먹을거리를 구하기 위해 밭에서 대부분 시간을 보냈다. 하지만 아들은 게으르고 못된 동물로 유명했다. 먹을 것을 구하기 위해 엄마 토끼는 아들을 꾸짖을 시간이 거의 없었고 아들은 혼자 집에서 자신이 좋아하는 것을 할 수 있었다.
　다른 동물들이 아들 토끼의 행동에 대해 불평을 할 때면, 엄마 토끼는 아들에 대한 비난이 틀렸다고 말하면서 항상 아들을 두둔했다. 이 못된 토끼가 도둑질과 같은 나쁜 잘못을 저지르다 들켰을 때도, 엄마는 아들을 변호하러 와서 그가 나쁜 친구들의 꼬임에 빠져서 그렇다고 말했다. 수많은 동물이 좋아하지 않는 아들 토끼를 두둔만 하는 엄마 토끼를 보면서 많은 동물은 화를 냈다. 하지만 다른 동물들에게 항상 친절하고 먹을 것을 나눠주고 무언가라도 주려는 엄마 토끼에게서는 잘못된 것을 찾을 수는 없었다.
　가뭄은 더 심해졌고, 엄마 토끼가 병이 들게 되었다. 그녀는 더 이상 밭에서 일할 만큼 건강하지 못했다. 그리고 당연히도 아들의 도움이 필요한 때가 다가왔다. 어느 날 아침, 지평선에 어두운 구름이 드리워지자 모든 동물들은 비가 내릴 것을 예상하며 흥분하기 시작했다. 하지만 비가 내리기 시작하기 전에 이런저런 일을 준비할 수 있는 시간도 짧다는 것을 그들은 또한 알고 있었다. 하늘의 구름은 그들이 밭으로 나가 씨앗을 뿌려야 할 시기가 왔음을 의미하기 때문이다. 일부는 도구를 챙겨서 밭으로 나가기 시작했다. 그들은 씨앗을 뿌릴 준비를 하려면 시간이 필요함을 알고 있었기 때문이다. 이제 괴로운 시기도 끝나가고 있었다.

엄마 토끼는 병이 더 악화되어 밭에 나갈 수가 없었다. 그녀는 아들에게 추수 시기가 왔을 때 먹을거리를 수확할 수 있도록, 밭에 나가 일을 하라고 부탁했다. 매일 아침, 아들은 집을 떠나 밭으로 갔다가 저녁 늦게 돌아왔다. 그의 발에 흙이 묻어 있어서 엄마 토끼는 아들이 일하고 왔다고 항상 믿게 되었다.

더욱이 아들은 엄마가 너무 약해서 그가 밭에서 얼마만큼의 일을 했는지 확인하러 올 수 없다는 것을 알았다. 이러한 일은 다른 동물들이 씨앗을 뿌리는 것을 준비하는 몇 주 동안 계속되었다. 그리고 매일 매일 엄마 토끼는 음식을 준비해서 아들에게 점심으로 건네주었다. 때때로 아들이 해가 저문 후에도 집으로 돌아오지 않으면, 엄마 토끼는 열심히 일하는 아들이 흡족해서 마을의 아주머니들에게 아들의 칭찬을 늘어놓았다.

파종기가 되자 엄마 토끼는 씨앗을 가져다가 아들에게 전해주었다. 하지만 문제는 그녀의 아들이 그때까지 밭에 일하러 갔던 것이 아니었고, 지금도 일하고 있지 않는다는 점이다. 아들은 숲에서 빈둥거리며 있다가, 집에 돌아갈 시간이 되면 엄마에게 그가 열심히 일했다는 것을 보여주기 위해 발에다 흙을 묻혔을 뿐이었다. 이번에 엄마가 자신에게 씨앗, 그것도 땅콩 씨앗을 전해 주자 아들은 숲으로 들어가 앉아 점심을 먹고 나서 그 땅콩 씨앗까지도 먹어치웠다.

마침내 모든 지역에 씨앗을 다 심고 나자, 비가 퍼붓기 시작했다. 비는 한 주일 내내 내렸다. 그리고 씨앗이 잘 자라고 있는지 확인하기 위해 모든 동물이 자신의 밭으로 나가는 시기가 되었다. 엄마 토끼는 아들을 불러 음식 꾸러미를 건네주고, 씨앗이 잘 자라고 있는지 확인하러 밭에 나가보라고 말했다. 아들은 음식을 챙겨 숲으로 가서, 이전에도 그랬듯이 앉아서 햇볕을 쬐다가 해가 저문 후 저녁에 집으로 돌아왔다. 그리고 엄마에게는 씨앗이 잘 자라고 있다고 거짓말을 했다. 잡초를 뽑는다며 밭에 나갈 때마다, 아들은 엄마 토끼에게 땅콩이 잘 자라고 있다고 말했기에 그녀는 매우 기뻐했다.

드디어 추수할 시기가 왔다. 이제 아들은 급히 무언가를 해야 한다고 생각했다. 왜냐하면, 밭에는 수확할 것이 아무 것도 없었기 때문이었다. 한 가지 계획을 세운 아들은 밖으로 나가 다른 동물의 밭에서 작물을 훔쳐 그것을 엄마에게 가져다주기로 했다. 그런데 그 계획을 실현하기 전에 마을에서는 수확기에 벌어지는 작물 도둑에 대한 주의가 있었다. 그리고 모든 동물은 도난 사고를 방지하기 위한 무언가를 마련해야 한다고 결정했다. 그들은 순번을 정해서 모든 밭을 감시하기로 했다. 그리고 이들 중의 한 동물은 자신들의 작물을 훔치려는 자가 있다면, 그것은 바로 토끼일 것이라고 의심을 하기까지 했다. 왜냐하면, 아들 토끼네 밭에는 잡초만 가득했을 뿐, 아무것도 자라고 있지 않았기 때문이다. 사람들이 아들 토끼가 이웃의 작물을 훔쳐갈 수도 있음을 엄마 토끼에게 알려줬지만, 그녀는 매우 화를 내며 말을 건넨 동물들을 쫓아냈다. 그래서 이들 동물은 그녀에게 만일 아들 토끼가 도둑으로 판명된다면 절도를 하는 순간 큰 화를 당할 것이라고 단언했다. 안타깝게도 아들이 도둑질하다 잡히기까지는 오래 걸리지 않았다.

그를 사로잡은 후, 동물들 사이에서는 직접 혼을 내야 하는지 혹은 마을의 장로들에게 데려가야 할지에 대한 논쟁이 있었다. 그들은 자신들이 혼을 낼 경우 규칙에 어긋난다는 것을 인지하고 마을 장로들에게 데려갔다. 그리고 아들 토끼는 매우 가혹한 처벌을 받았다. 엄마 토끼는 도둑으로 전락한 아들을 두둔했었다는 사실에 너무 부끄러워했다. 처벌을 받은 후 아들 토끼는 올바르게 사는 것이 더 낫다고 깨우쳤지만, 아쉽게도 그의 결심은 너무 늦어버렸다.

자기 꾀에 넘어간 오거

··· 스와질란드/민담

아주 오래전에, 사람들은 야생 동물과 한 마을에서 같이 살았다. 그래서 눈이 하나인 오거 같은 포악한 동물에게 아이들이 잡아먹힐 위험은 항상 존재했다. 오거는 여러 모습으로 변신할 수 있으므로, 아이들은 부모들에게 그 위험성에 대해서 언제나 주의를 받곤 했다. 마을 사람들이 일하는 밭이 깊은 숲속에 있었기 때문에, 부모들은 아이들을 집에 홀로 놔둘 때는 항상 문을 잠그고 다녔다.

마을 가장자리에 아들과 함께 사는 여인이 있었다. '산데'라는 아들을 무척이나 사랑한 그녀는 야생동물이 얼마나 무섭고 위험한지 아들에게 누누이 강조했다. 그녀는 아들에게 부모의 말을 안 듣고 집 밖으로 나갔다가, 죽을 위기에 처한 아이들에 관한 많은 이야기를 해주었다.

매일 그녀는 아들을 위해 음식을 준비해두고 집안에 놔둔 채 일을 하러 나갔다. 아들에게 집 안에서 문을 잠그라 말하고, 그 누구도 들어오지 못하도록 주의를 주었다. 그녀만이 부를 수 있는 독특한 노래가 있었는데, 밭에서 일을 마치고 그녀가 집으로 돌아오면 그 노래를 불렀다. 이 노래는 특별한 방식으로 불려서 그 어떤 동물도 흉내 낼 수 없었다.

자신들보다 사람들이 훨씬 영리했기 때문에, 오거는 항상 굶주렸다. 오거들은 부드러운 사람 고기를 좋아했다. 특히 어린 아이를 선호했는데, 더 맛있었기 때문이었다. 오거 한 마리가 산데의 엄마가 아이를 항상 집에 혼자 놔두고 일하러 간다는 것을 알게 되었다. 아이를 잡아먹고 싶어진 오거는 산데의 엄마가 문 앞에서 부르는 노래를 연습했다. 물론 산데는 이러한 일이 생길 수 있음을 들었고, 엄마의 목소리를 구별하는 법을 배웠다. 꽤 오랫동안 연습을 한 오거는 충분하다고 생각하고 길을 나섰다. 오거는 산데의 집 주변 수풀에 앉아 며칠 동안 산데 엄마의 노래를 들었었다. 그는 노래의 가사를 기억해서 연습했다.

첫날, 그는 산데 엄마가 일하러 밭으로 가자마자, 문 앞으로 와서 노래를 시작했다. 그 노래의 가사는 다음과 같았다.

"내 아들, 산데야. 해가 저물었구나. 문을 열어주겠니?
숲에서 맛있는 과일을 가져왔단다. 네가 먹을 거란다."

하지만 산데는 오거가 그다음 구절을 부르기도 전에 이렇게 말했다.

"엄마의 목소리는 그렇게 쉬지 않았어. 나는 네가 오거인지 알고 있다고. 그러니 여기 있지 말고 가버려. 그리고 다시는 나를 귀찮게 하지 마."

부끄러움을 느낀 오거는 자신의 목소리로 산데를 속일 수 없다는 것을 알게 되었다. 그는 숲으로 들어가 며칠을 고민했다. 하지만 해결책을 찾을 수 없었다. 그는 몇 주 동안을 생각하다 오거족 주술사의 도움을 받기로 했다. 도움을 주는 대가로 여러 마리의 염소를 받은 주술사는 오거의 목소리를 산데 엄마의 목소리와 비슷하게 만들 방법을 알려 주었다.

오거는 주술사가 전해 준 미약과 많은 꿀을 먹은 후에 목소리 연습을 계속했다. 그 연습을 처음 할 때는 매우 고통스러웠지만, 시간이 흐르자 그의 목소리는 변하기 시작했고 마침내 산데 엄마의 목소리와 비슷해졌다. 그가 산데의 집으로 가기로 했을 때는 그의 목소리와 산데 엄마의 목소리는 완전히 똑같아졌다.

이즈음 산데는 오거가 자신을 잡아먹으려 했었다는 사실을 잊어버렸다. 그것을 기억하기에는 제법 많은 날이 지났기 때문이었다. 문 앞에서 오거의 노랫소리가 들리자, 산데는 엄마가 무엇인가를 놔두고 갔다 생각하고 서둘러 문을 열었다. 오거는 곧바로 아이를 삼켜버리고 행복하게 배를 두드리며 숲으로 돌아갔다.

밭에서 일을 마치고 집으로 돌아온 산데의 엄마는 집의 문이 열려있는 것을 발견하고, 곧 바로 아들 산데가 오거에게 잡혀 먹었다는 사실을 알아차렸다. 집 안에 남겨진 커다란 발자국은 누가 범인인지 알려주는 뚜렷한 증거였기 때문이다. 그녀는 추장에게 달려가서 상황을 설명했고, 추장은 서둘러 전사들을 소집했다. 전사들은 마을 옆, 숲 근처에 일곱 마리의 오거가 살고 있음을 확인했다. 오거들은 모두 잡혀 와서, 추장 집에서 차례차례 심문을 받았다. 모든 오거들에게 동일한 질문이 던져졌고, 그들은 자신들이 죄가 없다는 사실을 입증해야만 했다.

"누가 산데를 잡아먹었느냐?"

그들에게 던져진 질문이었다.

"내가 그러지 않았어. 아마도 내 뒤에 오거가 그랬겠지."

그들은 모두 이렇게 대답했다.

일곱 마리의 오거가 차례대로 답변하는 중, 한 마리의 오거는 목소리가 변해서 답을 제대로 할 수 없었다. 그 자리에 있었던 모두는 산데를 잡아먹은 오거가 누구인지를 알게 되었다. 전사들은 그를 잡아 눕히고는 배를 갈랐다. 다행히도 산데가 산채로 오거의 뱃속에서 나왔다.

아·프·리·카·의·신·화·와·전·설

제 3 장
나미비아의 신화와 전설

일가맙

··· 나미비아/신화

별보다 높은 곳에 사는 최고 신, '일가맙'은 떠오르는 구름, 천둥, 그리고 물과 연계되어 나타난다. 계절의 반복, 제의에 쓰일 동물, 농작물의 성장 등 매년 반복되는 자연의 모습이 그의 역할이다. 일가맙의 또 다른 모습은 죽음의 신이라는 특성이다. 그는 하늘에 있는 자신의 집에서 화살로 인간을 맞춰서 상처를 주고 죽게 한다. 죽은 자의 영혼은 죽은 후 일가맙의 마을로 가서 일가맙의 주위로 모여든다.

무쿠루

··· 나미비아/헤레로족 신화

헤레로족의 조상신이자 창조주, '무쿠루'는 생명을 전해 준 자애로운 신으로 여겨진다.

비는 아픈 자를 치료하고, 노인을 도와주는 존재였다. 죽음은 무쿠루가 자신의 집으로 사람들을 부르는 것이라 여겨졌다. 헤레로족은 추장을 무쿠루의 화신으로 믿었고, 전통을 이어가며 무쿠루의 임무를 수행하는 존재로 믿었다.

왜가리는 어떻게 굽은 목을 갖게 되었을까
··· 나미비아/전설

어느 날, 자칼이 바위 높은 곳에 앉아 있는 비둘기를 사냥하고 있었다. 하지만 비둘기가 있는 둥지까지 손이 닿지 않았다.

"예쁜 비둘기야. 내가 배가 고프다. 네 새끼 한 마리만 던져다오." 자칼이 불렀다.

"말도 안 되는 소리를 하는구나!" 비둘기가 말했다.

"그러면 내가 거기까지 날아가서 너까지 잡아먹을 거야." 자칼이 대답했다.

이렇게 위협하자 어리석은 비둘기는 두려운 나머지 작은 새끼 비둘기 한 마리를 건네주었고, 자칼은 그것을 데리고 사라졌다. 다음 날에도 자칼은 비둘기를 같은 방법으로 위협해서 또 한 마리의 새끼를 먹어치웠다.

가엾은 비둘기 어미는 구슬프게 울었다. 지나가던 왜가리가 비둘기가 우는 것을 듣고는 물었다.

"왜 그렇게 울고 있니."

"내 새끼들이 불쌍해서요." 비둘기가 대답했다.

"새끼를 주지 않으면 자칼이 둥지까지 날아와서 나를 삼켜버린대요."

왜가리가 꾸짖으며 말했다.

"이 멍청한 새 같으니라고. 자칼은 날개가 없는데 어떻게 여기까지 날아올 수 있겠니? 그런 실없는 협박은 무시해도 돼."

그래서 다음 날 자칼이 다시 왔을 때, 비둘기는 다른 새끼를 주는 것을 거부하며 말했다.

"왜가리가 너는 날 수 없다고 나에게 알려주었어."

"못된 왜가리 같으니라고. 내가 그 입 싼 주둥이를 혼내 주고 말 테다."

자칼이 중얼거리며 빠른 걸음으로 사라지며 덧붙였다.

자칼은 곧 차가운 연못에서 개구리를 찾고 있는 왜가리를 발견했다. 자칼이 말했다.

"네 목은 정말 길구나. 바람이 불면 어떻게 하니? 반으로 부러지는 것 아냐?"

"아니, 목을 조금 낮추면 돼."

왜가리가 어떻게 하는지 보여주면서 대답했다.

"그럼 바람이 더 심하게 불 때는?" 자칼이 강조했다.

"그때는 목을 좀 더 낮추면 되지!" 왜가리가 말했다.

"그러면 진짜 강풍이 불 때는 어떡하고?" 자칼이 다시 물었다.

"그때는 이렇게 낮게 숙이면 되거든."

어리석은 왜가리는 자신의 머리를 바닥까지 낮게 내려트렸다.

그 순간, 자칼은 높이 뛰어올라 왜가리의 목을 힘껏 내리쳐서 부러트렸다. 그리고 그날 이후로 왜가리는 굽은 목을 갖게 되었다.

얼룩말의 옷

··· 나미비아/전설

지구가 막 생성되었던 초기에 땅은 뜨겁고 건조했다. 이 새로운 세계에서 물은 사막 주변에 흩어져있는 작은 구멍에서만 발견되었다. 그런 물웅덩이는 개코원숭이가 지키고 있었다. 개코원숭이는 자신이 이 물웅덩이의 주인이며 그 누구도 그곳에서 물을 마실 수 없다고 선포했다. 개코원숭이는 물을 마시러 오는 그 누구라도 항상 쫓아내곤 했다. 개코원숭이는 물웅덩이를 보호하기 위해 웅덩이 가까운 곳에 불을 피워서 매우 추운 사막의 밤을 보냈다.

하루는 오랫동안 힘든 여행을 다녀 목이 마른 얼룩말이 물을 마시기 위해 왔다. 처음 생겨났을 땐 얼룩말은 줄무늬가 없었다. 얼룩말은 순백색의 눈부신 코트를 걸치고 있었다. 얼룩말이 다가오자 개코원숭이는 화가 솟구쳐 올랐다.

"너는 누구냐? 꺼져라. 나는 이 물의 주인이다. 내거라고."

얼룩말은 이기적인 개코원숭이의 말을 들어 줄 기분이 아니었다.

"못생긴 원숭이야. 이 물은 네 것이 아니야. 물은 우리 모두의 것이라고." 얼룩말이 외쳤다.

개코원숭이는 분노했고, 얼룩말이 물을 마시고 싶다면 자신과 싸워 이겨야 한다고 말했다. 개코원숭이와 얼룩말은 곧 치열하게 싸움을 시작했다. 싸움에 열중한 나머지 둘은 물웅덩이 앞뒤로 굴러다녔다. 마침내 얼룩말이 강력한 발차기에 성공했고, 개코원승이는 물웅덩이 뒤쪽의 바위로 높이 날아갔다.

매우 세게 개코원숭이를 발로 차버린 얼룩말은 균형을 잃고 개코원숭이가 피워놓은 불로 넘어졌다. 얼룩말은 불구덩이에서 빠져나오려고 애쓸 때 공중으로 솟아오른 불타는 막대기를 알아차렸다. 이 까만 막대기가 얼룩말의 순백 코트 전체에 검은색의 불에 탄 자국을 남겼다. 상처를 입고 깜짝 놀란 얼룩말은 평원으로 질주해 도망갔고, 다시는 그곳으로 돌아오지 않았다. 결과적으로 얼룩말은 다른 동물들과 구별되는 새로운 외양을 좋아하게 되었다.

반면에 개코원숭이는 딱딱한 바위에 엉덩이가 쿵 소리가 크게 날 정도로 대차게 부딪혔다. 그 이후로 개코원숭이는 코피즈[6] 지역에 서식하게 되었고, 엉덩이가 벗겨진 채 화를 내는 표정으로 남아있다.

---

[6] 남아프리카공화국 내 자유주(Free State)의 레노스터 강(Renoster River) 인근에 있는 지역

악어는 어떻게 못생긴 피부를 갖게 되었을까?
··· 나미비아/전설

악어가 어떻게 혹이 많은 가죽 피부를 갖게 되었을까?

원래 악어는 부드러운 황금색 피부를 가지고 있었다. 악어는 낮에는 내내 진흙탕에서 시간을 보내고, 밤에만 밖으로 나왔다. 그때 다른 모든 동물이 와서 악어가 얼마나 아름다운 황금빛 피부를 지녔는지 부러워하였다. 자신의 피부가 자랑스러워진 악어는 동물들이 보내는 찬탄을 즐기게 되어, 햇빛이 있는 시간에도 물 밖으로 나오게 되었다. 그는 다른 동물들보다 자신이 뛰어나다고 생각하기 시작했고, 그들의 우두머리인 양 굴기 시작했다. 다른 동물들은 악어의 태도가 바뀌자 관심을 끊게 되었고, 점점 그의 피부를 보러오지 않게 되었다.

하지만 악어가 매일같이 피부를 햇빛에 노출할 때마다 피부는 더 거칠고 울퉁불퉁하고 두꺼워져서 마치 부풀어진 갑옷처럼 변해버렸다. 악어는 자신의 피부를 창피하고 부끄럽게 여기게 되었다. 그래서 오늘날까지 다른 이들이 접근할 때면, 물 표면 위로 눈과 콧구멍만 내보이게 된 것이다.

뒤쪽의 벌을 조심해라

··· 나미비아/민담

"병사들이여! 내 주변으로 모여라."

사자가 장군으로서 명령했다.

"우리는 곤충 왕국과 전쟁을 벌이려 한다. 물론 나는 너희의 지휘자로서 이 공격에 선봉에 서겠다. 하지만 싸움을 시작하기 전에 우리의 전술을 너희가 다 숙지하고 있는지를 확인할 필요가 있다."

아프리카 영양, 오릭스 영양, 그리고 자칼이 사자 곁에 모여서 그의 말을 들었다.

"우리는 준비를 잘하였다. 하지만 우리의 적수는 수백만에 달한다. 적들을 공격할 때 자비를 베풀면 안 된다. 공격하고 파괴하라. 적들도 똑같이 우리를 상대한다는 것을 기억해라. 그들이 떼를 지어서 찌르고 물겠지만 우리는 승리할 것이다."

큰소리로 말하던 사자는 갑자기 거의 속삭이듯이 목소리를 낮추어 말했다. 그는 바로 곁에 있는 장교들조차도 자신의 명령을 듣지 못할까 걱정하며, 장교들에게 가까이 오라고 손짓했다.

"이제 내 말을 주의 깊게 듣도록. 우리 계획의 핵심은 바로 이것이다. 병사들에게 전투 내내 나를 주목하도록 전달하라. 내가 선봉에 설 것이므로, 나는 우리가 전투에서 이기고 있는지 지고 있는 지를 너희에게 말해 줄 수 있다. 우리가 전투를 유리하게 이끄는 동안, 나는 꼬리를 공중으로 높이 쳐들겠다. 우리의 병사들이 내 꼬리를 보는 한 그들은 지속해서 공격을 수행해야 한다."

사자는 계속해서 자신의 작전의 핵심을 전달했다.

"그런데도 우리가 만일 그 어떤 이유로든 전투에서 패배한다면, 나는 꼬리를 내리겠다. 그것은 즉시 모든 싸움을 중지하고, 각자 살기위해 도망치라는 신호다."

아프리카 영양, 오릭스 영양, 그리고 자칼은 지휘자의 명령을 주의 깊게 들었다. 그리고 그들은 소리 내지 않고 자신들의 부대로 가서 명령을 전달했다. 사자는 전투가 시작되기 전에 약간의 생각할 시간을 가졌다. 웃음이 그의 얼굴에 퍼졌다. 그는 자신의 계획이 훌륭하다고 생각했다. 그러나 그도 예상하지 못했던 것이 그를 패배로 이끌었다. 가까운 수풀의 꽃들 사이에 숨어있는 작은 벌이 모든 계획을 엿들은 것이다. 사자가 전투 장소로 이동하자마자, 벌은 곤충 부대로 이 소식을 전하러 돌아갔다.

사자가 포효하자 코끼리가 나팔을 불었고, 끔찍한 싸움이 시작되었다. 잠깐 두 진영은 균형을 이루었다. 사자의 꼬리는 공중으로 치솟아 있었고 용맹하게 공격을 이끌었다. 용감한 대장의 지휘에 고무된 동물 왕국의 부대는 전진했다.

곤충 왕국 장군의 눈에 전투가 자신들에게 불리하게 돌아간다는 것은 명백히 보였다. 하지만 곤충 부대에는 유일한 희망이 있었다. 장군은 작은 벌을 바라보며 말했다.

"지금이다."

그 말이야말로 작은 벌이 기다리고 있던 모든 명령이었다. 벌은 어디서 무엇을 해야 하는지 알고 있었다. 순식간에 벌은 전투의 중심부로 날아갔다. 멀리 날아갈 필요도 없었다. 벌은 전투의 맨 앞에 있는 사자를 찾는 데 어려움이 없었다.

작은 벌은 사자에게 다가가면서 미소를 지었다. 그리고 외쳤다. "뒤쪽의 벌을 조심해라!"

작은 벌은 사자에게 벌침 한 방을 놓았던 순간을 결코 잊지 못할 것이다.

물론 전투의 열기 속에서 어떤 동물도 작은 벌이 질렀던 그 외침을 듣지 못하였다. 단지 모든 동물은 자신들의 대장이 갑자기 꼬리를 내리는 것을 주목했을 뿐이다. 그리고 그들은 그것이 무슨 의미인지를 알고 있었다. 동물들은 싸움을 멈추고 살기 위해 도망쳤다. 결국, 곤충 부대는 동물 왕국 부대와의 전투에서 승리를 거뒀다. 그 승리의 주역은 바로 전투가 벌어지기 전에 적의 후방에 있었던 작은 벌이었다.

아·프·리·카·의·신·화·와·전·설

제 4 장
보츠와나 신화와 전설

이그위퀘의 탄생 이야기

… 보츠와나/나미비아/신화

태초에는 최고의 신, '피시보로'를 제외하고는 아무 것도 없었다. 세상은 신의 죽음에서 탄생했다. 전설에 따르면, 피시보로는 독사에 물린 후 사망했다. 피가 그의 상처에서 흘러나와 바위와 언덕을 만들었고, 그의 죽은 몸으로 골짜기를 새겼다. 그의 몸에서 솟구쳐 나온 물은 강과 시내를 형성했다. 그의 머리카락은 구름이 되었고, 그곳에서 생명을 주는 비가 내렸다.

이후 피시보로는 부활했고, 인간을 창조했다. 그는 자신이 만든 인간에 대해 대체적으로 만족했다. 다만 한 가지, 그는 털이 없는 인간의 외양이 만족스럽지 않았다. 그래서 그는 인간에게 털이 나게 해보았다. 그렇게 되니, 인간을 다른 동물들과 구별할 수가 없었다. 그래서 피시보로는 인간을 일부분만 털이 있는 상태로 다시 만들었다. 또 그는 그가 창조한 동물들에게 각기 다른 모양, 이름, 용도 등을 부여했다. 인간은 잡아먹히는 존재가 아니어서 죽거나 살해되었을 때, 매장되었다.

산족의 탄생 신화

… 보츠와나/나미비아/남아프리카공화국/신화

'마루츠' 지방에 거대한 구멍이 있었다. 산 부족의 전설에 따르면, 이 구멍에서 첫 번째 사람이 나왔다고 한다. 이 사람의 발자국은 주변의 바위에 남겨져 있었다. 가축과 나머지 모든 동물이 이 구멍에서 사람을 뒤따라 나왔다. 한 사람은 그 구멍으로 돌아가서 아직도 거기에 있다고 전해진다.

열 한 개의 황동 기둥

… 보츠와나/베추아나족 전설

한 마을에서 '라마니'라는 소년이 태어났다. 그는 건강하게 자랐다. 여덟 살에 이미 아버지보다 더 많은 것을 알고 있었고, 열다섯 살이 되자 위대한 마법사보다 더 뛰어나게 되었다. 어떤 이들은 그가 가장 강력한 정령을 호출했는데, 이들 중에는 '음구리 음고리'도 있었다고 주장하였다.

어느 날 밤, 이상한 목소리가 잠들은 라마니를 깨웠다.

"라마니, 너는 슬기롭고 강하다. 어떤 인간도 너처럼 슬기롭고 강하지 못했고, 앞으로도 없을 것이다. 하지만, 너의 지혜와 능력은 아무 소용이 없구나. 그 누구도 그것을 알지 못하기 때문이지."

"누구세요?" 라마니가 물었다.

"나는 강력한 정령 '임바'다." 목소리의 주인이 대답했다.

라마니는 고개를 끄덕였다

"나는 힘센 정령들을 알아요. 예를 들어 위대한 음구리 음고리도 알아요. 하지만 그 어떤 임바도 모르는데. 강력한 임바는 더욱 모르고."

"나는 인간에게 황동을 준 존재다." 임바가 설명했다.

예전에 황동은 아프리카에서 금이나 은처럼 귀하고 구하기 힘든 금속이었다.

라마니가 다시 물었다.

"알았어요. 그런데 나에게 뭘 원하죠?"

"너를 돕고 싶다. 황동을 만드는 법을 너에게 알려주마."

라마니는 임바의 제안이 함정이라고 생각하고 믿지 않았다. 그리고 이렇게 대답했다.

"그것이 나에게 무슨 소용이 있을까요?"

"황동의 제작 기술을 소유하는 것은 유용하고 유익한 것이란다."

라마니는 거절했다.

"나는 황동을 만드는 법을 알고 싶지 않아요."

그날 밤, 임바는 더 이상 강요하지 않았다. 하지만 그다음 날 밤, 그는 다시 돌아와서 말했다.

"너의 생각이 바뀌지 않았니?"

"아니요." 라마니는 자신의 주장을 굽히지 않았다.

"어째서지? 황동 만드는 것을 알면 뭐가 잘못되니?"

"나는 아무것도 안 하겠다고 이미 말했잖아요."

그다음 날 밤, 임바의 목소리가 다시 들려왔다.

"잘 생각해 볼 시간을 주마. 이제 내가 하는 이야기를 들어 보거라."

그러자 라마니는 조금 흥미를 보였다.

"난 마음이 변하지 않았어요. 하지만 당신의 이야기 정도는 들어볼게요."

임바가 웃었다.

"물론, 이야기를 듣는다고 널 어쩌지는 않을 거야."

"그럼, 말해 봐요."

그러자 임바가 말했다.

"언젠가 네가 원하는 모든 것을 황동으로 바꿀 수 있는 마술 주문을 네게 알려 주마. 이게 다다."

"그런데 그 날이 언제 올 건데요?"

"너 스스로 알게 될 거다. 하지만 먼저 너는 스무 명의 신도를 만들어야 한다. 너까지 포함하면 스물한 명이 되겠지. 너희 모두는 미래를 함께 준비하러 가야 해. 너 스스로가 학생이 되어 그들에게 네가 알고 있는 것을 전부 가르쳐야 해."

라마니는 임바의 말을 받아들였다. 그는 스무 명의 신도를 모았고, 그 자신은 스물 한 번째가 되었다. 라마니는 그들에게 자신의 지혜와 마법을 가르쳤다. 불행하게도 그의 신도들이 모두 그에 대한 믿음으로 가득 찬 것은 아니었다. 그들 중에 열 명은 라마니를 좋아하고 존경하면서 그의 손짓과 눈짓에도 신경 쓰면서 싫은 기색 없이 학습했다. 다른 열 명은 라마니를 질투하고 헐뜯으며 자신들도 스승만큼이나 지혜롭고 박식하다 믿었다. 결국에 그들은 다른 열 명의 동료들에게 라마니에 대해 저항하기 위해 한 편이 되어야 한다고 집요하게 괴롭히기 시작했다.

그런 이유로 라마니는 괴로워했다. 그는 더 이상 신도들과 함께 어울리지 않았다. 그는 선량한 신도들을 격려하고, 못된 이들을 벌주는 것에 더 많은 어려움을 느꼈다. 그들 사이의 불화는 젊은이들의 편을 갈랐고, 결국 라마니는 무엇을 해야 할지 알 수 없었다.

그때, 라마니는 다시 강력한 임바의 목소리를 듣게 되었다.

"어떻게 지내느냐, 라마니?"

"아주 힘들어요. 당신 조언대로 했지만, 내 신도들을 이해시킬 수가 없어요."

임바가 웃었다.

"그렇다면, 복종하지 않는 신도들을 혼내야지."

"어떻게 혼을 내죠?"

"그들을 황동 기둥으로 만들어 버려라. 내가 너에게 마법 주문을 알려줄게. 네가 그 주문을 말하자마자, 그들은 황동으로 바뀔 거야. 하지만 주의해야 해. 너는 그 주문을 한 번만 말할 수 있다. 그것을 지키지 않으면 마법이 너에게 작동할 것이다."

라마니는 고개를 끄덕였다.

"알았어요."

"마법 주문은 '키바라'다." 임바가 말했다.

라마니는 신도들을 불러 그들에게 말했다.

"조화롭게 지내지도 못한 채 이렇게 우리가 함께 산 것도 매우 오래되었네요. 당신들 중 어떤 이들은 나를 신뢰하지 않죠. 그들은 나를 질투하고 나에게 반항하라고 다른 이들을 설득하고 있지 않나요. 어떤 것 때문인지 당신들은 잘 알고 있겠죠. 그래서 나는 그들을 처벌하기로 했습니다. 그것은 나의 권리이자 또한 의무이기도 하니까요."

복종하지 않았던 열 명의 신도들은 무례하게도 웃음만 지었다. 라마니는 마법 주문을 외웠다.

"키바라!"

곧바로 열 명의 신도들은 황동 기둥으로 변했다. 다른 신도들은 입을 다물고 놀라움과 공포에 사로잡혔다. 라마니는 자신의 능력을 확인하고는 너무 기쁜 나머지, 마법 주문을 연이어 외치기 시작했다.

"키바라! 키바라!"

그러자 갑자기 라바니 또한 황동 기둥으로 변해버렸다.

사람들은 이미 오래전에 황동 기둥을 치워버렸다. 하지만 여전히 이 장소를 '열 한 개의 황동 기둥'이라 부른다.

영원히 가버려 나무

··· 보츠와나/민담

"더 빨리! 더 빨리!"

사자가 소리쳤다.

"더 빨리 달려야 해! 야생 개들이 나를 뒤쫓고 있어."

개들은 아주 오래전부터 사자를 쫓고 있었다. 바위를 넘고, 물을 건너고, 수풀 속으로, 그리고 숲길을 따라서 쫓고 있었다. 불쌍한 사자는 쉴 시간조차 없었다. 그가 숨을 돌릴 만하면 이 거친 개들 중의 한 마리가 그를 기다리고 있었다.

마침내 사자는 개들에게 벗어나서 짧은 휴식을 취했다. 그리고 바로 그 순간 한 남자가 커다란 나무 아래 앉아있는 것을 보았다.

"선생님, 저를 제발 도와주세요."

겁먹은 사자는 애원했다.

"저는 온종일 야생 개들에게 쫓기고 있어요. 너무 피곤해서 다른 무엇은 할 수가 없어요."

"빨리 나무 뒤로 숨거라."

남자는 사자에게 숨을 곳을 알려주었다.

"내가 개들을 다른 방향으로 보내마. 서둘러라. 개들이 다가오고 있구나."

사자가 나무 뒤에 숨자마자, 야생 개들이 수풀에서 뛰쳐나왔다. 개 중의 한 마리가 남자에게 물었다.

"사자가 이리로 지나가는 것을 보았나요?"

"보았네." 남자가 외쳤다.

"사자는 저쪽의 언덕 방향으로 달려갔네. 서두른다면 잡을 수 있을 거야. 매우 지쳐 보이던데."

"고맙습니다."

개들은 울부짖으며 인사를 하고는 언덕 쪽으로 돌진했다.

"도움이 되었다니 기쁘군." 남자는 킬킬 웃었다.

한 무리의 개들이 사라지자, 사자는 다시 용기가 생겼다. 그는 나무 뒤에서 튀어나와 거대한 앞발로 남자를 움켜잡았다.

"무슨 짓을 하는 거냐?" 남자가 소리쳤다.

"뻔한 것 아니겠어?" 사자가 대꾸했다.

"너를 잡아먹을 테다."

"하지만 나는 좀 전에 너를 구해주지 않았느냐!"

남자는 사자에게 따졌다.

"그렇지. 그 부분은 고맙게 생각해." 사자는 대답했다.

"하지만 나는 매우 배가 고픈걸. 다른 곳에서 먹잇감을 구하기에는 내가 너무 지쳤어. 게다가 바로 여기 내 손아귀에 네가 있지 않으냐."

"그러면 안 되지."

남자는 계속 자신의 의견을 주장했다.

"하지만 난 할 수 있지. 그리고 할 거야." 사자는 으르렁거렸다.

그러는 동안, 토끼 한 마리가 숲에서 나왔다. 토끼는 다투고 있는 둘을 보더니 물었다.

"뭐가 문젠가요?"

남자는 서둘러 토끼에게 자신이 처한 상황을 설명했다.

토끼는 미소를 지으며 말했다

"당신들이 나를 믿는다면 이 문제를 해결할 방법을 난 알고 있어요. 아저씨, '영원히 가버려 나무' 가지가 하나 필요한데, 가져다주실 수 있을까요?"

남자는 나뭇가지를 구하기 위해 숲으로 들어갔다. 하지만 그는 그 이상한 나무에 대해 한 번도 들어 본 적이 없었다. 그래서 모판 나무의 가지를 구해서 돌아왔다.

"아니요. 아니에요. 아저씨, 이것은 내가 원하는 나무의 가지가 아니에요."

토끼가 소리쳤다.

"내가 아까 말할 때 영원히 가버려 나무의 가지가 필요하다고 했잖아요."

한 번 더 남자는 토끼가 원하는 가지를 찾기 위해 숲속으로 들어갔다. 하지만 그는 여전히 토끼가 말했던 나무를 들어보지 못했음을 알았다. 그래서 그는 대추나무의 가지를 가지고 돌아왔다.

"제 말을 귀담아듣지 않으셨군요. 아저씨, 저는 영원히 가버려 나무의 가지가 필요하단 말이에요. 그 나뭇가지를 찾을 수 없다면, '절대 돌아오지 마' 나무의 가지를 찾아오세요." 토끼가 지시했다.

또 한 번 남자는 토끼가 원하는 나무의 가지를 찾으러 숲속으로 들어갔다. 그러나 그는 결코 그 나무에 대해서 들어 본 적이 없었다. 그래서 이번에는 사과나무의 가지를 가지고 돌아왔다.

토끼는 한숨을 쉬며 말했다.

"사자야, 이 멍청한 인간이 너는 물론 나도 할 수 있는 간단한 일도 하지 못하네. 내가 이 사람에게 영원히 가버려 나무가 어디 있는지를 보여주었으면 하는데, 괜찮겠지?"

"별문제 없어." 사자는 괜찮다고 대답했다.

"너와 함께 가고 싶다만, 내가 지금은 너무 피곤해서 못하겠다."

그래서 토끼는 남자가 찾을 수 없었던 영원히 가버려 나무가 어디 있는지를 알려주기 위해 숲속으로 들어갔다.

사자는 기다리고 기다리고 또 기다렸다. 그는 계속해서 기다렸지만, 토끼와 남자는 절대 돌아오지 않았다. 그들은 아주 영원히 사라진 것이었다.

아·프·리·카·의·신·화·와·전·설

제 5 장

레소토 신화와 전설

모디모

… 레소토/소토족 신화

소토 족이 믿는 모든 신 중의 최고의 신이자 창조주가 있다. 수많은 아프리카 신들의 경우와 마찬가지로, '모디모'는 양면성을 지닌 신이다. 그는 하늘과 땅이 그러하듯이 인간의 아버지이자 어머니로 여겨졌다. 대지에 번개가 내리칠 때, 모디모가 돌아온다고 전해진다. 모디모는 강력한 신으로서 복수심에 분노하며 불을 통제함과 동시에 멀리 존재하는 무형의 알려지지 않은 신이기도 하다. 한 신화에 따르면 모디모는 죽은 자의 고향이기도 한 대지의 구멍에 살고 있다고 한다. 사람들은 이러한 신의 땅 안에서 시작과 끝을 가져야 한다.

최초의 인간 혹은 창조신, 후베아네

··· 레소토, 남아프리카공화국/소토족, 벤다족 신화

많은 아프리카 이야기에서 '후베아네'는 최초의 인간 또는 신으로 등장한다. 그런데 신으로 등장할 때, 후베아네는 좋지 않은 신으로 묘사된다. 그는 레소토와 남아프리카 공화국의 바소토 족과 바벤다족을 만든 창조신이다. 대지와 하늘을 만든 후, 후베아네는 자신이 만들어낸 작품들에 스스로 감탄하며 평화와 고요함을 즐기기를 원했다.

그런데 그때 인간들은 새와 벌들에 대해 공부를 하고 있었다. 인간들에게는 중요한 일이었지만, 새들의 지저귐, 벌들의 윙윙거림, 게다가 인간들의 웅성거림까지 뒤섞인 소리는 후베아네에게는 정말 참을 수 없는 소음이었다. 후베아네는 특이하게도 말뚝을 박아가며 그것을 밟고 하늘로 올라갔고, 마침내 하늘 정상에 다다르게 되었다. 후베아네는 디딤 받침으로 사용한 말뚝을 뽑아내면서 올라갔기 때문에 어떤 인간도 그를 따라가지 못했다.

어떻게 죽음이 인류에게 왔을까

··· 레소토/산족 전설

아프리카의 첫 번째 인류인 산 부족, 즉 부시먼 부족에게 전해진 죽음과 운명이 어떻게 인간에게 부여되었는가에 대한 신화는 호텐토트 부족과 다른 여러 아프리카 종족들에게서도 발견된다. 부시먼 부족은 달이 '기도하는 사마귀'에게 인간에게 다음과 같은 메시지를 전달하게 했다고 믿고 있다.

"내가 죽을 때, 죽음을 통해 생명이 나타나리니, 너희 역시 죽을 것이며, 그 죽음을 통해 생명을 얻으리라."

사마귀가 달의 메시지를 가지고 길을 나섰지만, 그의 다리는 조금 짧아서 앞을 보기가 어려웠다. 그래서 그는 여러 번 길을 잃어버렸다.

호기심 많은 토끼가 사마귀를 발견하고 그에게서 중요한 심부름의 목적을 들었을 때, 이렇게 생각했다.

'내가 이 메시지를 전해주자. 중요한 메시지이니까 나는 명성과 영광을 얻게 될 거야'

사마귀와 헤어지고 토끼는 서둘러 길을 나섰다.

하지만 토끼의 머리로는 그 메시지를 정확히 기억할 수 없었다. 그가 계속 반복해서 외울수록 그 내용은 조금씩 왜곡되었다. 목적지에 도착하자 토끼는 이 땅의 모든 사람에게 달의 메시지를 자신의 관점으로 전했다.

"내가 죽고 멸망할 때, 같은 방법으로 너희도 죽고 완전한 끝에

이를 것이다."

자신의 메시지가 잘못 전해졌음을 들었을 때, 달은 막대기를 들고 화를 내면서 토끼를 때렸다. 그때의 흔적으로 오늘까지도 토끼의 코와 입이 갈라져 있는 것이다.

그 앙갚음으로 토끼는 달을 할퀴었는데, 달의 얼굴에 상처와 멍 자국이 남게 되었다. 그러나 어떤 이들은 토끼가 자신의 피부가 불에 타서 뜨거워질 때까지 내버려 두었고, 그리고 그때 그 몸으로 달의 얼굴을 후려쳤다고 말한다. 오늘날에도 보이는 달의 어두운 부분은 그때의 흔적이라는 것이다.

호텐토트 부족 또한 이 이야기를 믿고 있다. 그들은 토끼를 경멸하고 거의 잡아먹지 않는다. 그리고 달의 메시지를 처음에 전달한 것은 '사마귀'가 아니고 카멜레온이라며 그들은 그 느린 걸음걸이를 조롱하였다. 부시먼 부족도 카멜레온을 믿지 않으며, 길에서 그것을 발견하면 불행을 피하고자 나뭇가지로 덮어버린다.

자칼과 암탉

··· 레소토/민담

옛날에 암탉이 자칼이 오는 것을 보게 되었다.
"어머나, 이를 어쩌나. 자칼이 온다." 암탉은 꼬꼬댁 울며 말했다.
암탉은 자칼의 위협에서 안전한 밀 낟가리의 꼭대기로 서둘러 올라가서 낟알을 먹었다.
"자칼이 나를 너무, 너무, 너무 괴롭힌다니까…"
자칼이 낟가리로 펄쩍 뛰어오르면서 암탉을 올려다보았다.
"안녕. 어미 암탉아. 오늘은 기분이 어떠냐?"
"안녕, 자칼 형제야, 안녕. 나는 기분이 너무너무 좋은데, 너는 어떠니?"
암탉은 대꾸했다.
"나도 너무 좋다. 어미 암탉아. 그렇게 물어봐 주니 고마워." 자칼이 말했다.
"너는 거기서 맛있는 점심을 즐기고 있는 것 같네."
"그럼. 나는 맛있게 먹고 있지!" 암탉이 대답했다.
통통하고 싱싱한 암탉을 보게 되자 자칼의 입에 침이 고였다. 그는 미끄러운 밀 낟가리 위로 기어갈 수 없었기에, 암탉을 속여서 내려오게 하기로 했다.
"어미 암탉아, 중요한 소식을 들어봤니? 그는 암탉에게 물었다.
"이 땅의 모두가 평화를 체결했대. 바로 오늘 알려진 소식이거든. 동물들은 더 이상 잡거나 물고 또 서로를 먹을 수 없대. 평화를 위해서 말이지."

"평화? 평화라고? 내가 제대로 들은 거야, 자칼?"

"그래. 어미 암탉아. 너는 제대로 들은 거야." 자칼이 말했다.

"동물 족장들이 큰 회의를 열어서, 이 땅 모든 곳에 평화가 이룩되었다고 결정했다니까."

암탉은 혼란스러워서 퍼덕거리며 날갯짓을 했다. 그녀는 자칼의 말을 믿을 수가 없었다.

"어머나, 그럼 뭘 해야 하지?"

그녀는 꼬꼬댁거리며 중얼거렸다.

자칼은 친근한 미소를 지었다.

"굉장한 소식이지 않니?" 그는 말했다.

"이렇게 커다란 평화는 결코 없었잖아. 축하하기 위해서 내려올 생각 없니? 널 올려다보느라 내 목에 경련이 생기겠어."

그는 닭 다리를 떠올리며 다시 침을 흘리기 시작했다. 하지만 밑으로 내려오는 대신에 암탉은 들판을 바라봤다.

"뭘 보고 있니?" 자칼이 물었다.

"여기로 달려오고 있는 개들을 보고 있는데."

암탉이 대답했다.

"동물들 사이에 평화가 체결되었다니 좋은 일이겠네. 이제 위험이 사라진 거잖아."

자칼은 겁에 질려 소리쳤다.

"방금 생각이 났는데, 할 일이 너무 많아서 나는 가야겠다. 잘 있어."

"뭐가 무서워서 그래?" 암탉이 자칼을 불렀다.

"네가 조금 전에 동물 족장들이 평화 모임을 했다고 말했잖아?"

"걔들이 회의에 참석했는지 생각나지 않아서 그래."

자칼은 큰 소리로 말하며 도망갔다.

암탉은 낟가리에서 웃으면서 내려왔다.

"하하하." 암탉이 꼬꼬댁거렸다.

"내 그럴 줄 알았지. 자칼, 네가 나를 속이려 했겠지만, 오히려 내가 너를 속였지."

아프리카의 신화와 전설 – 남부 아프리카편

초판인쇄 2017년 6월 15일
초판발행 2017년 6월 20일

공동편역 김기국 · 박동호 · 윤재학

펴 낸 이 신성길
펴 낸 곳 도서출판 **디 시 링**
주　　소 서울시 동작구 사당로8길(상도동)
전　　화 02)812-3694
홈페이지 www.jin3.co.kr
등록번호 1999.5.24. 제17-287호

ISBN 978-89-97756-30-8 94930
　　　978-89-97756-19-3 94930 (세트)

값 17,000원
ⓒ 2017